近代中外关系系列

中法关系史话

A Brief History of
Sino-French Relations

葛夫平 / 著

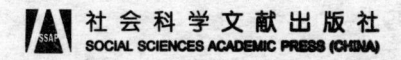

社会科学文献出版社
SOCIAL SCIENCES ACADEMIC PRESS (CHINA)

图书在版编目（CIP）数据

中法关系史话/葛夫平著 .—北京：社会科学文献出版社，2011.7（2014.8 重印）
（中国史话）
ISBN 978 - 7 - 5097 - 1634 - 2

Ⅰ.①中… Ⅱ.①葛… Ⅲ.①中法关系 - 国际关系史 Ⅳ.①D829.565

中国版本图书馆 CIP 数据核字（2011）第 118422 号

"十二五" 国家重点出版规划项目

中国史话・近代中外关系系列

中法关系史话

著　　者 / 葛夫平

出 版 人 / 谢寿光
出 版 者 / 社会科学文献出版社
地　　址 / 北京市西城区北三环中路甲 29 号院 3 号楼华龙大厦
邮政编码 / 100029

责任部门 / 人文分社（010）59367215
电子信箱 / renwen@ ssap.cn
责任编辑 / 宋荣欣　孔军
责任校对 / 曹艳浏
责任印制 / 岳　阳
经　　销 / 社会科学文献出版社市场营销中心
（010）59367081　59367089
读者服务 / 读者服务中心（010）59367028

印　　装 / 北京画中画印刷有限公司
开　　本 / 889mm×1194mm　1/32　印张 / 6.25
版　　次 / 2011 年 7 月第 1 版　　字数 / 91 千字
印　　次 / 2014 年 8 月第 2 次印刷
书　　号 / ISBN 978 - 7 - 5097 - 1634 - 2
定　　价 / 15.00 元

本书如有破损、缺页、装订错误，请与本社读者服务中心联系更换
版权所有 翻印必究

《中国史话》
编辑委员会

主　　任　陈奎元

副 主 任　武　寅

委　　员　(以姓氏笔画为序)
　　　　　卜宪群　王　巍　刘庆柱
　　　　　步　平　张顺洪　张海鹏
　　　　　陈祖武　陈高华　林甘泉
　　　　　耿云志　廖学盛

总　序

中国是一个有着悠久文化历史的古老国度，从传说中的三皇五帝到中华人民共和国的建立，生活在这片土地上的人们从来都没有停止过探寻、创造的脚步。长沙马王堆出土的轻若烟雾、薄如蝉翼的素纱衣向世人昭示着古人在丝绸纺织、制作方面所达到的高度；敦煌莫高窟近五百个洞窟中的两千多尊彩塑雕像和大量的彩绘壁画又向世人显示了古人在雕塑和绘画方面所取得的成绩；还有青铜器、唐三彩、园林建筑、宫殿建筑，以及书法、诗歌、茶道、中医等物质与非物质文化遗产，它们无不向世人展示了中华五千年文化的灿烂与辉煌，展示了中国这一古老国度的魅力与绚烂。这是一份宝贵的遗产，值得我们每一位炎黄子孙珍视。

历史不会永远眷顾任何一个民族或一个国家，当世界进入近代之时，曾经一千多年雄踞世界发展高峰的古老中国，从巅峰跌落。1840年鸦片战争的炮声打破了清帝国"天朝上国"的迷梦，从此中国沦为被列强宰割的羔羊。一个个不平等条约的签订，不仅使中国大量的白银外流，更使中国的领土一步步被列强侵占，国库亏空，民不聊生。东方古国曾经拥有的辉煌，也随着西方列强坚船利炮的轰击而烟消云散，中国一步步堕入了半殖民地的深渊。不甘屈服的中国人民也由此开始了救国救民、富国图强的抗争之路。从洋务运动到维新变法，从太平天国到辛亥革命，从五四运动到中国共产党领导的新民主主义革命，中国人民屡败屡战，终于认识到了"只有社会主义才能救中国，只有社会主义才能发展中国"这一道理。中国共产党领导中国人民推倒三座大山，建立了新中国，从此饱受屈辱与践踏的中国人民站起来了。古老的中国焕发出新的生机与活力，摆脱了任人宰割与欺侮的历史，屹立于世界民族之林。每一位中华儿女应当了解中华民族数千年的文明史，也应当牢记鸦片战争以来一百多年民族屈辱的历史。

当我们步入全球化大潮的 21 世纪，信息技术革命迅猛发展，地区之间的交流壁垒被互联网之类的新兴交流工具所打破，世界的多元性展示在世人面前。世界上任何一个区域都不可避免地存在着两种以上文化的交汇与碰撞，但不可否认的是，近些年来，随着市场经济的大潮，西方文化扑面而来，有些人唯西方为时尚，把民族的传统丢在一边。大批年轻人甚至比西方人还热衷于圣诞节、情人节与洋快餐，对我国各民族的重大节日以及中国历史的基本知识却茫然无知，这是中华民族实现复兴大业中的重大忧患。

中国之所以为中国，中华民族之所以历数千年而不分离，根基就在于五千年来一脉相传的中华文明。如果丢弃了千百年来一脉相承的文化，任凭外来文化随意浸染，很难设想13亿中国人到哪里去寻找民族向心力和凝聚力。在推进社会主义现代化、实现民族复兴的伟大事业中，大力弘扬优秀的中华民族文化和民族精神，弘扬中华文化的爱国主义传统和民族自尊意识，在建设中国特色社会主义的进程中，构建具有中国特色的文化价值体系，光大中华民族的优秀传统文化是一件任重而道远的事业。

当前，我国进入了经济体制深刻变革、社会结构深刻变动、利益格局深刻调整、思想观念深刻变化的新的历史时期。面对新的历史任务和来自各方的新挑战，全党和全国人民都需要学习和把握社会主义核心价值体系，进一步形成全社会共同的理想信念和道德规范，打牢全党全国各族人民团结奋斗的思想道德基础，形成全民族奋发向上的精神力量，这是我们建设社会主义和谐社会的思想保证。中国社会科学院作为国家社会科学研究的机构，有责任为此作出贡献。我们在编写出版《中华文明史话》与《百年中国史话》的基础上，组织院内外各研究领域的专家，融合近年来的最新研究，编辑出版大型历史知识系列丛书——《中国史话》，其目的就在于为广大人民群众尤其是青少年提供一套较为完整、准确地介绍中国历史和传统文化的普及类系列丛书，从而使生活在信息时代的人们尤其是青少年能够了解自己祖先的历史，在东西南北文化的交流中由知己到知彼，善于取人之长补己之短,在中国与世界各国愈来愈深的文化交融中,保持自己的本色与特色,将中华民族自强不息、厚德载物的精神永远发扬下去。

《中国史话》系列丛书首批计200种,每种10万字左右,主要从政治、经济、文化、军事、哲学、艺术、科技、饮食、服饰、交通、建筑等各个方面介绍了从古至今数千年来中华文明发展和变迁的历史。这些历史不仅展现了中华五千年文化的辉煌,展现了先民的智慧与创造精神,而且展现了中国人民的不屈与抗争精神。我们衷心地希望这套普及历史知识的丛书对广大人民群众进一步了解中华民族的优秀文化传统,增强民族自尊心和自豪感发挥应有的作用,鼓舞广大人民群众特别是新一代的劳动者和建设者在建设中国特色社会主义的道路上不断阔步前进,为我们祖国美好的未来贡献更大的力量。

2011年4月

⊙葛夫平

作者小传

葛夫平，浙江宁波人，1965年生。1984年毕业于杭州大学历史系，1992年毕业于中国社会科学院研究生院，同年7月到近代史研究所工作，2000年评聘为副研究员，研究专长为近现代中外关系史。曾在瑞士洛桑大学和法国国立科学研究中心、法兰西学院等机构访学。主要论著有《中法教育合作事业研究（1912~1949）》(2010年《国家哲学社会科学成果文库》)、《英国在香港的殖民政策，1843~1882》、《法国与第二次鸦片战争》、《关于里昂中法大学的几个问题》、《抗战时期法国对于废除中法不平等条约的态度》、《中法庚款案中的无利债券问题》、《伯希和与巴黎中国学院》《法国政府与留法勤工俭学运动》等。

目 录

一 中法不平等关系的确立 …………………… 1
  1. 早期中法关系追溯 ……………………… 1
  2.《黄埔条约》的签订 …………………… 8
  3. 加入侵华战争行列 ……………………… 17
  4. 抢掠圆明园　迫订《北京条约》 ……… 23

二 法国扩大在华势力 ………………………… 30
  1. 传教士大肆活动 ………………………… 30
  2. 觊觎西南边疆 …………………………… 36
  3. 中法交战 ………………………………… 41
  4. "不胜而胜" ……………………………… 46

三 法国抢夺势力范围　干涉中国内政 ……… 53
  1. 经营西南 ………………………………… 53
  2. 掠夺利权 ………………………………… 59
  3. 镇压义和团运动 ………………………… 66
  4. 干预辛亥革命 …………………………… 74

四 法国继续对中国推行强权政治 ………… 82
1. 老西开事件 ………… 82
2. 在巴黎和会上背信弃义 ………… 87
3. 金法郎案 ………… 96

五 斩不断的中法文化交流 ………… 103
1. 法国大革命对中国的影响 ………… 103
2. 留法勤工俭学运动 ………… 110
3. 班乐卫访华 ………… 117
4. 中国文化在法国 ………… 122

六 中法不平等关系的终结 ………… 130
1. 法占中国南海九小岛事件 ………… 130
2. 中国与法国维希政府断交 ………… 136
3. 中法不平等条约的废除 ………… 142

七 中法从对抗走向建交 ………… 150
1. 20世纪50年代初的中法对抗 ………… 150
2. 中法建交 ………… 158
3. 曲折发展中的中法关系 ………… 166

参考书目 ………… 178

一　中法不平等关系的确立

早期中法关系追溯

中国和法国，一在东亚，一在西欧，都是文化灿烂的大国。但在古代很长一段历史时期里，因山河修阻，云天遥隔，彼此并没有交往，甚至不知道对方的存在。

中法两国第一次接触发生在 13 世纪中叶。当时，蒙古势力强盛，建立了一个地跨欧亚的大帝国，定都和林（今乌兰巴托；1264 年迁都大都，即今天的北京）。而西欧国家则在罗马教皇和法国国王统治下，企图同蒙古建立联系，想说服蒙古大汗信奉基督教，共同攻打小亚细亚的突厥人，为此曾多次遣使蒙古。1248 年，法王路易九世（1206～1270）派遣以隆如美（Andre de Longjumeau）为首的使团前来蒙古。次年，隆如美一行抵达和林，适逢贵由大汗（定宗）去世，王位未定，隆如美只带回皇后要求法国归顺的一封复信。1253 年，路易九世又派鲁勃吕克（Guillaume de Rubrouck）东来。鲁氏从君士坦丁堡启程，沿黑海北面经陆路于同年12月抵达和林，受到蒙哥大汗的接见，在和林住了4个月。但鲁勃吕克的传教和联合蒙古的使命也未能实现，蒙哥大汗在给法国国王的复信中不但只字不提联合之事，且再次要求法国国王归顺蒙古帝国。自此之后，法国国王知道联合蒙古无望，便不再遣使中国。中法两国真正建立联系实则开始于17世纪。

17世纪，即在中国的明末清初，随着上一世纪新航路的开辟和新大陆的发现，欧洲大陆掀起了一股"东方热"，欧洲各国的商人、冒险家、传教士抱着各自的目的，纷纷前来中国。在此背景之下，法国也紧随葡、荷、英诸国之后，派人重莅华土。1611年，法国耶稣会士金尼阁（Nicolas Trigault）第一个来华，次年回国征集教士，于1618年再次来华，1628年死于杭州，葬在杭州方井南。金尼阁曾利用意大利人利玛窦（Matteo Ricci）的遗稿，编成一部《基督教在华远征史》，第一次向欧亚介绍中国土地、制度、风俗习惯、法律、道德和宗教思想。他所著的《西儒耳目资》，按照读音汇编汉字，是第一部按拉丁字母编排的字典。

1643年法国国王路易十四即位后，一度国势强盛，为与荷、英等国竞争，积极发展法国在远东的势力。1685年，路易十四正式以法国政府名义，派遣白晋（Joachim Bouvet）、张诚（Joan Franciscus Gerbillon）等5名耶稣会士来华，命他们在宣教之余，注意搜集科学和艺术方面的情报。这些传教士带着路易十四致康熙皇帝的信以及科学仪器，于1687年7月到了宁波，

1688年抵达北京，受到康熙的接见。由于这些传教士懂得一些科学，多才多艺，一度颇受清朝廷重视，尤其是白晋和张诚两人，他们曾参与修正历法、制造新炮和修复旧炮以及中俄交涉等工作，并将《实用几何学》译成满文和汉文。白晋还教康熙皇帝数学。1693年康熙帝生病，白晋等用金鸡纳霜治好他的病，康熙为此拨皇城里一所房子专供法国教士之用。同年还派白晋回法国再招一些教士来中国服务，并让白晋带去许多礼物赠送法国国王路易十四，其中的书籍成为今日法国国家图书馆汉文藏书的一部分。白晋在国内物色到7名耶稣会士，于1698年第二次来到中国。这批传教士在中国的最大贡献是测绘地图。从康熙四十七年（1708）到康熙五十七年（1718），白晋、雷孝思（Regis）、杜德美（Jartoux）等从测绘长城全图开始，然后测绘清代17省的分省地图，历经11年，最后完成中国文化史上的一件大事——《皇舆全览图》，并将原稿送到法国，由著名刻版家安维尔（Anville）刻成。

在法国传教士中，另一位值得一提的是蒋友仁（Michel Bénoit）。他曾受乾隆皇帝的委托，仿照法国宫殿，设计圆明园的畅春园，其中谐奇趣、蓄水楼、花园、蓄雀笼、方外观、竹亭等12处的喷水池和白石雕刻全部模仿路易十四时代的风格。十分遗憾的是，1860年，这座象征18世纪中法文化交流的建筑物被英法联军付之一炬。

在17世纪法国传教士来华传教的过程中，还出现了中国人随西方传教士去法国求学的现象。1681年，比利时耶稣会士柏应理（Philippe Couplet）带中国的黄姓、沈姓二人去葡萄牙和法国。沈于1693年回国，黄则留在巴黎，与一法国女子结婚，1716年死于巴黎。黄曾在法国皇家图书馆工作，负责编纂汉法字典，遗稿由傅莽续成。今天，巴黎图书馆还藏有黄某亲笔写的法文借书条，时间是1716年12月19日。1721年，另一位名叫胡约翰的中国人随傅圣泽神甫到法国。胡居法时，曾协助解释康熙赠送给法王路易十四的中国书籍。

在早期赴法的中国学者和学生中，较为著名的是高类思（1733~1787）和杨德望（1734~1787）。高、杨二人都是北京人，出国前在北京随法国传教士蒋友仁学习3年，1751年被送到法国继续学习法文、拉丁文和神学。路易十五每年给他们每人1200锂奖金。1764年他们准备回国前曾拜访当时法国国务秘书贝尔丹（Bertin）。贝氏又挽留他们继续学习一年，专攻自然科学，并安排他们参观里昂丝织场、圣·德田武器工厂等，学习绘画和铜版雕刻术。回国前，高类思和杨德望还受到法国著名政治家、经济学家杜尔果（Turgot，1727-1781）的接待。杜氏非常崇拜中国。交谈中，他向高、杨提出52个问题，希望他们回国后加以调查研究，能给他满意的答复。这52个问题包括以下四类：财富与土地类30个；技术类15个；博物类4个；历史类3个。1765年1月，高、杨在法学习14年后启程回国，法国政府赠送了工艺品、新式利器、装饰玻璃、陶瓷、手提印刷机、望远镜、暗箱、显微镜、金表等礼品。1766年1月,高、杨回到北京。回国后,他们与法国传教士共同编成《中国兵法论》、《米谷保存法》、《中国古代论》等论文,对杜尔果所提问题予以答复。

在派遣耶稣会士来华的同时,法国也曾尝试与中国开展商业贸易。在16世纪,即有法人保尔密哀(Binot Paulmier de Gonneville)、维拉查诺(Giovanni Verrazzano)、巴尔蒙第哀(Jean Parmentier de Dieppe)等分别于1503、1523和1528年东航,开辟海道,但均未能抵达中国。17世纪,法国又曾多次组织"印度公司"和"中国公司",但也始终未能在中国打开局面。据比较可靠的说法,法国第一艘来华的商船是"昂菲德里特"号(L'Amphitrite)。1697年耶稣会士白晋回国后,上奏法国国王说,康熙皇帝要求与法国通商,希望每年有法国船只来华。于是,路易十四批准建造"昂菲德里特"号驶华。该船载重量为500吨。出发前,路易十四指示船长第拉洛克(Dela Roque)沿途注意考察中国海岸线、登陆港口、风讯、潮汐、水流,并尽可能搜集中国港口、海岸线的地图及中国人的航海记录,另注意打听亚洲和欧洲国家与中国贸易情况,同时提醒船长尊重中国当地风俗习惯,避免与地方当局发生争端。

"昂菲德里特"号于1698年3月起航,同年11月到达广州。1700年1月驶回法国,1701年又作第二次航行。两次共载来约20名传教士。第一次从中国运回大量丝绸、瓷器,第二次运回大批漆器。法语把中国漆器叫做"昂菲德里特",原因即在于此。此后,法国国内一方面因受封建行会的束缚,对中国的丝绸等物品持抵制态度。1716年,商会竟下令将所有从印度、中国运来的丝棉织品统统烧掉。另一方面,法国政府又一直没有放弃对华贸易的努力。1704年,"法国总理"号及"圣法兰西斯"号商船,携部分资金东来,试图在广州设一巨大货栈。1705年,"中国公司"改称"对华贸易王国公司",享受对华贸易权。1712年,另一新的对华贸易公司成立,获得对华贸易50年的权利。该公司于1713~1714年先后遣船三艘来华。1719年5月,该公司又与"印度公司"合并,于广州设商行一所,与中国贸易,获利颇丰。1770年"印度公司"解体后,法国海军大臣地布因(De Boynes)于第二年以王国理事部代替该公司的广州理事部,并命提摩梯为理事长。1776年,为发展在中国的贸易,法国国王明令更改以往商业行政方式,在广州设立领事,并提醒广州领事在处理民刑事件中应极端谨慎,避免使中国政府产生反感而损害商务的发展。

随着中法交流的增强,17、18世纪法国国内一度还对中国的文化、艺术产生极大兴趣,形成一股"中国热"。首先在哲学思想领域,当时法国有名的大哲学家、大著作家,如伏尔泰(Voltaire)、魁奈(Quesnay)、杜尔果、狄德罗(Diderot)、孟德斯鸠(Montesquieu)、卢梭(Rousseau)及其他许多学者,无不大谈中国文化。伏尔泰盛赞"中国文化在思想领域里的发现和达伽马和哥伦布在自然世界里的发现是具有同等重要意义的大事"。他本人在其著作里极力恢复中国在世界史上的地位。在其名著《各民族风俗论》(1786)中，他把中国历史放在首要的地位。在《哲学辞典》一书中，他将许多有关中国的事情列入条目，对孔子、康熙、乾隆、中国的自然神论、理学、教育制度等多加肯定。他还把元曲《赵氏孤儿大报仇》改编为《中国孤儿》剧本，副标题为"孔子伦理五幕剧"。以魁奈、杜尔果为代表的法国重农学派，也对中国充满敬意，他们认为土地的产品是国民财富的真正和唯一的基础，中国就是一个最好的榜样。魁奈有"欧洲的孔子"之称，杜尔果则曾说动法国国王路易十五于1756年仿效中国皇帝举行亲耕"籍田"的仪式。而法国一些具有辩证思想和革命要求的思想家则看到了中国文化落后的一面，展开批评。如以创立"三权分立"学说著称的孟德斯鸠在其名著《法意》一书中谈到中国王朝的政治制度时，就指责中国政府专制多而共和的意味太少，对耶稣会士赞美的中国道德提出质疑。百科全书派的代表人物狄德罗虽然承认中国有古老的文明，但他认为到近代中国已停滞不前，与历史进步的潮流背道而驰。他对中国伏羲、神农等传说人物表示怀疑。激进派思想家卢梭对中国的专制制度和儒家学说也没有好评。他指出，中国文明进步并不能纠正社会的弊病，他嘲弄中国人缺乏"斗争精神"。这些法国思想家对中国封建专制和文化所作的批判，在19世纪反馈回中国，对中国近代资产阶级知识分子起了思想启蒙的作用。

除中国的思想体系在法国引起反响外,中国的艺术也对法国产生了影响。当时,中国的艺术品和工业品在法国宫廷里随处可见,法国市场上也到处是中国物品,法国人不但学会了中国的瓷器烧制技术、漆器制作技术、织物染色技术,且在绘画、建筑方面也仿照中国画风和园林艺术。从艺术史角度来说,中国艺术品传入法国所产生的最重要的一个结果是,素来盛行于法国的古罗马风格的巴洛克式艺术在17世纪末被富有中国风味的洛可可式艺术所取代。洛可可艺术风格的特点是轻盈、活泼、曲线丰富、色调灰淡、光怪陆离,重自然逸趣,同谨严匀称的古典风格完全相反。

然而,好景不长,随着19世纪法国资本主义的发展,中法之间这种有益的文化交流关系被侵略与被侵略的关系所取代。

《黄埔条约》的签订

1840～1842年爆发的中英战争,既是外国资本主义侵入中国的发端,同时也是中外不平等关系的开始。法国政府虽然没有直接加入这场罪恶的侵略战争,但它却趁火打劫,紧随英、美两国之后,也将不平等条约强加给中国。

中英战争爆发时,法国在华的势力和影响远远落在英、美两国之后。17世纪曾活跃一时的法国传教会活动到18世纪20年代发生所谓的"礼仪之争"后即逐渐衰落。当时,一些在华传教士在罗马教皇的支持下，干涉中国传统礼仪，对此康熙皇帝下令凡遵守罗马教皇谕旨的一律遣送回国，只有愿意尊重中国风俗习惯的教士方可"领票传教"。1723～1735年雍正皇帝在位时，鉴于一些传教士在各省霸占土地并干预中国传统习俗引起地方极大反感，明令禁止天主教士传教，只留一些对历法和科学有研究的传教士在北京供职，其余一律遣送澳门（后改为广州）。在对华贸易方面，法国虽作过一些努力，但因国内政局动荡、清政府实行"闭关"政策，也一直未能打开局面，来华商船一年中通常仅1～4艘，且并非每年都有。1840年中英战争爆发后，法国资产阶级及政客们欢欣鼓舞，认为这是法国挤入远东列强行列的一次极好的机会，建议政府遣使来华，恢复法国从前在中国的地位。不久，法国政府即作出派遣真盛意（Dubois de Jancigny）为国王特使来华的决定。

由于当时中英战争正在进行之中，局势尚不明朗，法国政府给予真盛意的使命是考察远东的政治和经济形势。具体地说，一是在政治上考察中国与英、美、俄等国的关系，以及中英战争的进展情况，以便及时了解这场战争"现实的和可能产生的后果"；二是在经济上搜集商业情报，试探发展法国对华贸易的途径。对于真盛意这次远东之行，法国政府各部都十分重视，极力予以支持：农业商业部专门为真盛意提供有关法国商业利益方面所需要的内容，并为他配备一名得力助手昌时忌（Henri de Chonski），着重收集工商情报；海军殖民部则派出一艘大型驱逐舰"埃里戈纳"（L'Erigone）号和一艘小型护卫舰"水神"号负责护送。"埃里戈纳"号由海军上校士思利（Cecille）指挥，装备有46门大炮、400名水手。后应外交部的要求，海军部又派出护卫舰"宠妃"号，由海军少校巴日（Théodore Page）指挥，该船在完成考察波斯湾和阿拉伯湾的任务后，即赴中国东部和北部海面活动。

真盛意一行于1841年4月28日乘坐"埃里戈纳"号自布雷斯特启程，同年12月7日抵达澳门，1842年3月13日到达广州。

到中国后，真盛意和舰长士思利各行其是，矛盾很大，都想在法国打开中国门户方面邀取头功，他们的活动远远超出法国政府授权的范围。士思利在1842年2月初擅自与中国官员奕山、祁顷等秘密会谈，劝说清政府不如趁早与英国议和，以免更大损失，并建议清政府遣使到法国求助，另要求清政府取消对法国商船征收的特别附加税。稍后，真盛意也在广州与奕山等清朝官员举行了一次秘密会谈，除提出与士思利同样的要求外，真盛意还为中英缔结和约提出以下7点内容：①将香港永久地割让给英国；②英国将目前仍然占据的其他地方归还给中国；③为一切友好国家的商船开放中国的几处主要港口，制定海关税则，取缔"行商"的政治干涉；④英国及友好列强的公使或全权公使应居住北京，在中国各开放口岸设领事机构；⑤中国向英国支付一定数额的银两，作为战争赔款；⑥就没收鸦片一案，赔偿英国的经济损失；⑦解决鸦片输入问题。1842年7月间，士思利和真盛意先后乘坐"埃里戈纳"号和"宠妃"号尾随英国军舰北上。7月底，士思利率先抵达吴淞口，胁迫苏淞太道与他会见，声称法国与英国并称强国，两国兵争30年，现在和好，建议清政府准许英国在京设一官员办事，法国愿为调停。当清政府识破他不过"于中取利"的意图后，士思利又不顾清政府的一再劝阻，抢夺中国沙船，带着20多名官兵，溯江而上，于8月26日抵达南京，出席了中英《南京条约》的签字仪式，9月4日始离开南京南下。他在10月10日给海军殖民部的报告中，公然鼓吹占领海南岛和台湾，作为法国远东殖民地。他说，"今日中国人所敬畏的是大炮，外交照会奏效太慢……法国应该彻底弄清中国究竟打算把法国当作朋友，还是视为仇敌"。真盛意乘坐的"宠妃"号因途中耽搁，于8月23日才抵达吴淞口，待9月17日到达南京时，中英《南京条约》业已签订，于是真盛意只好于10月12日离开南京。11月10日返回澳门后，真盛意又与在广州的钦差大臣耆英等接触，试图也与中国缔结一个与中英《南京条约》类似的条约，为法国争得与英国相同的特权。

1842年8月29日中英《南京条约》签订后，法国政府立即作出新的反应，9月27日任命外交官拉第蒙冬（Ratti-Menton）为法国驻广州首席领事，携带国书来华。但拉第蒙冬也没有被授予与中国政府举行谈判的资格。他于1843年7月11日到达澳门后，便陷入与真盛意的争吵之中，他们各自称自己是法国政府的代表。结果，他们两人先后被法国政府召回。拉第蒙冬于1844年5月20日自澳门返回欧洲，真盛意也于同年5月26日离开中国前往爪哇，1846年回到法国。

法国政府最后决定步英国后尘，加入向中国索取签订不平等条约的行列，于1843年4月宣布派遣拉萼尼（Théodore do Lagrené）使团来华。法国外交部长基佐（Guizot）在训令中向拉萼尼明确表示，这次出使的目的就是要在法国和中国两个国家之间签订一个通商和航行条约，"这个条约将使中国受我们的制约，就如同它受英国的制约一样"。因此，法国政府对这次使团的派遣作了极为认真的准备和周密的布置，其规模远远超出前两次的派遣。该使团由20多人组成。被任命为全权公使的拉萼尼，1800年生于皮卡第，22岁进入外交界，此后历任法国驻圣彼得堡大使馆秘书、驻希腊全权公使。使团中有头等参赞裴列勒（de Ferriére Le Vayer）侯爵、二等参赞大古伯爵（Bernard d'Harcourt），随员和名誉随员4人，使团主事、医生、记者、译员各1人，财政贸易部代表海关税务主任伊地埃（Jules Itier）及其秘书，海关职员拉沃莱（Charles Lavollée）。此外，还有巴黎、里昂、兰斯、牟罗兹和圣等蒂安的商务代表，他们是丝绸业代表埃德（Isidore Hedde）、棉纺业代表奥斯曼（Auguste Haussmann）、毛纺业代表隆多（Natalis Rondot）、巴黎化妆品业代表勒纳尔（Édouard Renard）。

为了使该使团成为"一支严肃而有力的外交使团"，"从威严和实力两方面使中国人折服"，法国政府还派出三艘装备精良的战舰护送使团。这三艘战舰是：三桅战舰"美人鱼"号，装备大炮50门，是法国第一艘绕过好望角的战舰，由夏尔内上校指挥；"阿基米德"号，是一艘220马力的火轮船，由帕里斯少校指挥；"胜利"号，装备大炮24门，由热努伊少校指挥。法国政府吸取前两次的教训，强调外交人员和舰队指挥官的合作。法国政府在训令中明确要求拉萼尼要经常征求舰队指挥官的意见，同时海军部也要求各舰队指挥官全力帮助法国代表完成使命。根据海军部的指示，新擢升为海军准将的士思利决定将整个海军分舰队交由拉萼尼调遣。

拉萼尼使团于1843年12月12日离开法国的布雷斯特，经254天的漫长航行，于1844年8月13日到达澳门。尽管法国和英国、美国在远东始终存在利益冲突和竞争，但它们要打开中国市场这一目标却是共同的。拉萼尼在诱迫中国签订条约上得到了英、美两国代表的"热情帮助"。拉氏抵港后，即与英国全权公使兼香港总督德庇时（John Francis Davis）互通书信，认为在打开中国大门这一点上西方各国的利益是一致的，彼此表示愿意合作，互相帮助。德庇时还将中英条约的所有中英文材料寄给拉萼尼，供他参考。美国全权公使顾盛（Caleb Cushing）则具体地向拉萼尼传授他与清朝官员谈判的经验，并将尚未正式签订的中美《望厦条约》的序言部分拿给拉萼尼参考，还建议拉萼尼在谈判中增添一些新的内容，如派遣使节出国、允许领有护照的法国人自由地在5个通商口岸——上海、宁波、福州、厦门、广州旅行等。

在英、美两国的怂恿下，拉萼尼不再以签订与中英、中美相同的条约为满足，决定要从中国政府那里获得更多的让步。他在写给外交部长基佐的信中指出："在这种情形下，我不仅要为我国争取到美国全权代表所得到的全部新的好处，而且要在以前条约的基础上，为法国谋取新的利益，如同顾盛在英国人所得到的让步面前为美国所要求的那样。"在与清政府的谈判中，拉萼尼也仿效美国公使顾盛的做法。他到澳门后，并不急于与清政府举行谈判，在8月23日给耆英发了一个照会后，到10月份一直住在澳门，毫不透露来华的具体任务。利用这段时间，拉萼尼一方面仔细研究中英、中美条约的内容，广泛征求各方意见，拟订条约的各项条款。另一方面他又故意放出各种空气，忽而传说他与中国结好，共同抗英，忽而又传说他将与中国为难，图据虎门，忽而有人说他将要求天主教弛禁，忽而又有人说他将北上觐见皇帝，弄得清朝钦差大臣耆英如坠雾中，大感困惑。拉萼尼以此取得谈判的主动权。10月初，拉萼尼与耆英开始正式谈判，提出订立商约的要求。耆英等清朝官员不知国家利益之所在，对拉萼尼所拟条款未作深入讨论和修改，便很快同意，并于10月24日在广州附近的黄埔（法船"阿基米德"号上）签订了《中法五口通商章程》，史称《黄埔条约》。

《黄埔条约》共36款，这是中法之间的第一个不平等条约。根据这个条约，法国不但轻易地取得英、美已经取得的各种重大权利，如五口通商、协定关税、领事裁判权以及片面最惠国待遇等，而且还攫取了一些新的特权，如：中英《五口通商附粘善后条款》和中美《望厦条约》规定对于擅往五口之外的港口贸易或走私的船只，应听凭清政府没收船只货物；而中法《黄埔条约》第二条却改为拘押，并规定在未定入官之先，宜速知会附近法国领事，在第六条关税一节中，又规定中国不得单方面增加违禁品。对此，拉萼尼得意地自诩"这一点英国人什么也没做，美国人仅仅提出了这一点但没有做"。中法《黄埔条约》第九条规定的法国人"以后在五口任便置办货物入口、出口，听其与中国无论何人随意交易，不得居中把持，将来不可另有别人，联情结行，包揽贸易"，以及第二十一条规定的"其船艇不限只数，亦不得令人把持，并不准挑夫人等包揽起货、下货"等内容，均系拉萼尼对中英、中美条约商业内容的补充。至于第二十二条规定的法国人在五口地区租赁房屋行栈或租地自行建屋建行时，其"房屋间数，地段宽广，不必设立限制"，又为后来法国扩大租界提供了借口。此外，《黄埔条约》在保护传教、加强文化侵略方面也为法国提供了一些新的特权，如第二十二条除给予法人在五口建造礼拜堂、医院、周济院、学房、坟地等权外，还规定，倘有中国人将法兰西"礼拜堂、坟地触犯毁坏，地方官员照例严拘重惩"，将保护教堂的义务以条约形式强加给中国政府。第二十四条又规定法人可以教习中国人学本国或外国语言，也可以出售法国书籍或购置中国

一 中法不平等关系的确立

书籍，为法国的文化侵略提供条约依据。第二十三条则强调，擅自进入中国内地的法国人被中国官员拘捕后，应解送附近法国领事官收管，"中国官民均不得殴打、伤害、虐待"所拘法兰西人，"以损伤两国和好"。对于该条款的意义，拉萼尼兴奋地说，"从今以后，中华帝国虽然可以继续其闭关锁国、禁止外国人进入内地的政策，但它必须将违犯禁令潜入内地的外国人置于国际法的保护之下。这样，违禁者既不会受到任何惩罚，也不会受到任何虐待"。他还补充说："有了这样一条规定，我们就不难看出将来任何一个传教士都不会在中国因为他们的信仰和虔诚而遭受迫害。"

从上述各点可以看出，中法《黄埔条约》实际上已超越了中英、中美条约的特权内容。但拉萼尼并不以此为满足，在《黄埔条约》签订后，他又抓住天主教弛禁问题，进行新的讹诈，要求耆英说服清朝政府弛教。在耆英的蒙骗下，道光皇帝于1844年11月11日，即《黄埔条约》签订后不到20天，批准天主教弛禁，但不予以公开宣布。而拉萼尼则决心把侵略计划贯彻到底。1845年8月初，他利用《黄埔条约》即将交换批准书的时机，向耆英要求公布弛禁令。交换批准书以后，他又亲赴上海、宁波、厦门各地调查，12月初回到澳门，以各地实行弛禁令"有名无实"为借口，要挟清政府切实执行，否则，"两国之事，正未可知"。在12月底得到耆英通知弛禁令不日将予公布的复文后，拉萼尼于1846年1月11日乘坐"阿基米德"号踌躇满志地离开澳门回国。2月20

日，道光皇帝即颁布弛禁令，满足了拉萼尼的全部无理要求。

3 加入侵华战争行列

第一次鸦片战争期间，法国没费一枪一弹，即与清朝政府签订了《黄埔条约》，获得了许多特权。19世纪40年代末，又继英国之后，在上海设立法租界，作为法国侵略中国的一个堡垒。但法国与英、美等其他侵略者一样，欲壑难填，并不满足于既得的权利，至50年代初，便积极响应英、美侵略者胁迫中国修约的要求，1856年竟然出兵中国，伙同英国发动近代以来西方列强第二次对华战争。

法国向中国发动战争的借口是所谓的"马神甫事件"。这一事件的经过是：第一次鸦片战争后，披着宗教外衣的外国传教士不顾条约规定，大批潜往内地，在领事裁判权的庇护下从事种种不法活动，法国人马赖（Auguste Chapdelaine）就是其中之一。1856年2月广西西林县县令张鸣凤因马赖非法传教，态度蛮横无礼，处之以死刑。而法国政府却根据传教士的一面之词，硬把这个违约潜入内地的传教士说成是无辜的受害者，要求清政府给予他们满意的赔偿，否则即对中国发动战争。9月间，法国外长瓦尔斯基（Walewski）在与英国驻法大使考莱（Cowley）会谈中即透露出这一信息，并希望届时能得到英、美两国政府的支持。因此，在10月中英间第二次鸦片战争爆发后不久，法国政府便决定以"马神甫事件"为借口,与英国采取一致行动。1856年12月,法国外交部在给驻华公使布尔布隆(Alphonse de Bourboulon)的训令中指示他与英、美等国集体行动,胁迫清政府答应外交使节常驻北京,允许外国人进入内地通商、游历,保护法国传教士安全等要求,同时就马神甫一案向中国提出赔偿要求。

1857年5月,在英国派出以额尔金(Elgin)为全权代表的远征军后一个多月,法国政府也派出一支侵华军队及使团,任命葛罗男爵(Gros)为全权专使。该使团有一等秘书贝勒古(Bellecourt),三等秘书宫达德(Contades),随员德莫热(de Moges)、杜芒步(La Tour-Maubourg)、特雷维斯(Trévise)和弗拉维尼(Flavigny)及海军上尉贝斯普拉斯(Besplas)。率领舰只13艘,它们是:汽轮三桅舰"勇敢"号,装备大炮50门,为葛罗所乘战舰;挂帆三桅舰"复仇女神"号,装备大炮50门,系舰队主力舰;挂帆海防舰"任性"号,装备大炮30门;汽轮海防舰"卡蒂纳"号(装备大炮30门)、"普里莫盖"号(装备大炮12门)、"弗勒格顿"号(装备大炮12门);汽轮通信舰"马尔索"号(装备大炮6门);两艘汽轮运输舰和四艘汽轮炮舰。担任海军指挥的是法国印度支那舰队司令、海军上将里戈·德热努伊(Rigault de Genouilly)。

法国政府授予葛罗的使命,仍是给驻华公使布尔布隆的那些内容。所不同的是,此次法国政府明确授命葛罗为达到目的,可诉诸武力,并提出一旦使用武力，则应向中国要求赔偿军费。此外，指示葛罗抵华后，应立即与英国全权代表额尔金取得联络，彼此磋商，协调行动。但在使用武力问题上，法国与英国的一味诉诸武力稍有不同，曾要求葛罗慎用武力，不得已使用武力时，应尽量避免不必要的流血与物质损失，试图通过恫吓清政府来达到其目的。

葛罗一行于1857年5月27日从土伦出发，10月13日抵达香港。抵港后，葛罗即完全秉承法国政府旨意，与英国全权代表额尔金密切接触，积极策划和制订具体侵华行动。英法联军攻打广州的军事行动，主要出自葛罗的主意。在与额尔金作多次交谈后，1857年11月18日葛罗将一份有关对中国采取行动的节略送达额尔金，额氏读后，对葛罗的主意十分欣赏，表示对该节略无一字可添，无一字可删。该节略的具体行动计划是本年放弃北上直隶直接与北京政府打交道，先向两广总督叶名琛提出他们的要求，一旦要求遭拒绝，即对广州采取军事行动。葛罗还向额尔金保证，即使中国政府采取分化政策，不理英国而立即答应法国所提要求，法国也仍将以武力支持额尔金向中国所提的侵略要求；不管中国方面是拒绝还是"公平"处置，两国都将一致行动，所获利益也将共同分享。与此同时，葛罗、额尔金与双方军事长官召开会议，议决以攻占广州为筹码，直至中国满足他们的要求。

议决之后，法英两特使便按双方同意的计划开始行动。1857年12月10日宣布将于12日起封锁广州。同日，布尔布隆和包令（John Bowring）各预备照会一份，于11日由利保尔（Ribourt）等人递送两广总督叶名琛。12日，法国全权专使葛罗又派人送去通牒，提出赔偿、调整国交等要求，警告叶名琛须于10日之内满足要求，否则即采取军事行动。同时，法英两使节向广州民众散发传单，扬言叶名琛如果在限期内不能满足他们所提的条件，英法联军即攻打广州城，恫吓广州人民勿与他们为敌。在他们的无理要求遭叶名琛拒绝之后，葛罗于24日照会叶名琛，言词极为蛮横无礼，表示自12月23日起，前定作满意答复的期限已过，现在所有的问题将由英法联军解决。该照会向中国方面发出宣战。28日晨，英法联军5000余人进攻广州城，第二天下午，英法联军占领广州城。1858年1月掠走叶名琛，将他解往印度加尔各答，同时在广州城内扶植广东巡抚柏贵、广州将军穆克德讷等清朝官员建立傀儡政权。在巡抚衙门设立以英人巴夏礼（Harry S. Parkes）、哈罗威（Thos. Holloway）和法人修莱（Martineau des Chenez）3人组成的委员会，掌握大权，另成立一支由130人组成的警备队，其中法军30名，英军100名。英法在广州统治达3年之久。

  英法联军占领广州后，关于下一步行动计划，葛罗又为额尔金出谋，建议由英、美、俄、法四国分别照会北京政府派遣全权代表到上海谈判，如这一要求得不到满足，再对北京采取像广州一样的军事行动。葛罗的这一建议，也为英、美、俄等侵略者接受。1858年2月11日由额尔金的代表俄理范（L. Oliphant）偕同英、法、美三国驻沪领事到苏州径见江苏巡抚赵德辙，递交照会。法国与英国的要求基本相同，主要有公使驻京、开放新口岸、内地游历、赔偿军费及广州侨民损失等项，限清政府于3月底前派出具有便宜行事大权的钦差大臣到上海与英、法、美、俄四国举行谈判。照会表示，如果清政府接受他们的要求，他们马上撤退广州占领军，交还广州城，否则将扩大战争。照会发出之后，法国公使与英、美、俄等三国公使先后离开广州，前往上海。当时清朝的咸丰皇帝并没有认识到事态的严重性，以为这只不过是英法侵略者的虚声恫吓。于是，他在3月10日的上谕里，要求英、法、美三国公使折回广州，与新任两广总督黄宗汉商办，另要俄国公使到黑龙江与黑龙江将军奕山会勘疆界。法国与英国侵略者没有达到在上海与清政府谈判的目的，便按照计划率军北上，进犯白河口。他们认为天津靠近北京，又是漕运枢纽，只要控制天津，就可迫使清政府屈服。

1858年4月20日，葛罗乘坐"勇敢"号战舰，由"火箭"号护卫，到达白河口，与克期到达那里的"愤怒"号、"明尼苏达"号和"亚美利加"号会合，后三艘战舰分别为英、美、俄三国特使乘坐。25日，法国海军上将里戈·德热努伊率领法国海军舰只到达白河口。由于当时英国船队尚未集中完毕，法国海军无力单独发动进攻，于是葛罗建议一面向清政府提出强硬要求，要清政府派全权大臣，在天津或北京与他们举行谈判；一面加紧军事准备，以便在必要时立即攻击大沽和天津。根据葛罗的建议，4月24日，四国公使分别发出照会，要求清政府指派全权大臣立即举行谈判。法国和英国在照会中还限定清政府必须在6天内给他们以圆满答复。

清政府在接到四国公使照会之后，才知道事态严重，并非"虚声恫吓"，立即派仓场侍郎崇纶、内阁学士乌尔棍泰赴津会谈，但侵略者认为崇纶没有全权，职位太低，拒绝会见。后来清政府改派直隶总督谭廷襄为钦差大臣，负责交涉。英、法侵略者又借口谭没有便宜行事大权，拒绝与谭会谈，以便拖延时间，作好进兵津、沽的准备。1858年5月11日，英国军舰集中完毕。18日，就在美国代表与直隶布政使钱炘和举行谈判的过程中，英法公使和海军将领却私下会议，决定20日采取军事行动，选择天津作为逼迫清政府议和的地点。

1858年5月20日，法国和英国联军乘坐8只兵船和18只大轮船，连同舢板船20余只，攻占大沽炮台，并直扑天津，扬言即将进攻北京。腐朽的清政府面对这一局面，慌作一团，赶忙派大学士桂良、吏部尚书花沙纳赶往天津议和。6月27日，法国用武力胁迫清政府订立中法《天津条约》。

中法《天津条约》共42条，主要内容有：①法国公使常驻北京；②新开放琼州、潮州、台湾（台南）、淡水、登州、江宁等6个通商口岸；③持有护照的法国人可往中国内地游历通商；④法国传教士得入内地自由传教。同一天，法国还与清政府签订附约6条，一是就马神甫一案，由清政府开除西林知县张鸣凤，永不得任此职,并将革职消息刊登京报;二要求清政府赔偿法国战争和经济损失白银200万两,赔款付清后,法国退还广州。11月24日,在《中英通商章程善后条约》签订后第15天,法国也步英国后尘,与清政府订立《中法通商章程善后条约》十款,与英国一样,从清政府那里取得对华贸易的许多特权。法国在中国的这一系列所作所为,表明法国在侵华的道路上又向前迈进了一步。

4 抢掠圆明园　迫订《北京条约》

《天津条约》签订后,法国的侵华行动丝毫没有收敛,继续追随英国侵略者发动对中国的侵略战争,在中国犯下一系列新的滔天罪行。1859年6月,法国再度与英国一道以换约问题挑起新的战争。

这件事情的起因是这样的:《天津条约》签订后,咸丰皇帝害怕外国公使进京,为避免英、法来京换约,他命令桂良、花沙纳在上海等候,以便英、法新任公使来华后在上海换约。此外,为阻止英、法军队再度闯入白河,又命令钦差大臣僧格林沁在大沽口一带布防。后因法国公使布尔布隆和新任英国驻华公使普鲁斯(F. Bruce)执意在北京换约,咸丰皇帝也只好同意,照会普鲁斯、布尔布隆在北塘登陆,经天津去北京,他要求随行人员不超过20人,不要携带武器。清政府还命令直隶总督恒福亲自到北塘接待英、法公使,又令沿途地方官备办供应,妥为照料,并在北京预备宽敞房屋三处，作为英、法、美三国公使的住处。但布尔布隆和普鲁斯6月20日到大沽后，故意制造事端，坚持按照他们自己的办法去北京，竟然要求清政府撤除大沽口防御设施，由大沽口溯白河进京。6月25日，英、法侵略军向大沽炮台突然发动进攻，遭到大沽守军的回击。经过一昼夜的战斗，十余只英、法兵船被击沉，死伤官兵400余名，这便是第二次鸦片战争期间有名的大沽事件。

大沽事件完全是英、法侵略者一手挑起的，还在北上进京之前，布尔布隆就在报告中向法国政府表示，在换约问题上，不但要应付困难，并且预先要制造某些困难，使自己处于更加有利的地位。说得明白一点，就是要通过制造事端，以便向清政府进行新的勒索。因此，大沽事件发生后，法国政府便决计与英国一道，再度用兵，重新任命葛罗为全权专使来华，另任孟托班（Cousin de Montauban）为侵华远征军司令。此次法国政府交给葛罗的使命，一是要求清政府对大沽事件正式赔礼道歉；二是互换《天津条约》，并履行该条约；三是赔偿英、法各6000万法郎。同时法国政府提醒葛罗，此次军事行动的意图不在于推翻清朝政府，清朝中央政府瓦解并不符合法国的利益。

法国这次来华的远征军规模远比第一次庞大，共有7000多人，包括轻步兵、野战步兵、工程技术兵、海军陆战团、炮兵、重骑兵队、辎重队，军种、兵种比较齐全。他们乘坐9艘运输舰（"仙女"号、"卡尔瓦多斯"号、"汝拉"号、"进取"号、"涅夫勒"号、

"卢瓦尔"号、"莱茵"号、"加龙"号、"伊泽尔"号)、5艘三桅帆船("安德罗马克"号、"坚强"号、"坚韧"号、"复仇"号、"罗纳"号),从土伦和布雷斯特港出发。1860年3月12日孟托班将军最先抵达上海。海军上将夏尔内(Charner,他后来负责指挥法国的海军)4月18日抵达吴淞。全权专使葛罗于6月28日最后到达上海。根据与英军达成的协议,法军北上,移师山东烟台,英军则以大连湾为基地。7月19日,英国全权专使额尔金和英军头目格兰特(Hope Grant)、贺布(James Hope)亲至烟台,与葛罗和法军头目孟托班、夏尔内商定军事进攻步骤。

8月1日,英法联军在北塘登陆,并在此驻扎。英法联军的到来,给北塘人民带来巨大的灾难。北塘是一个很小的乡镇,此时要容纳1.1万名英国人和7000名法国人,以及他们的4000匹军马等,自然难以承受。于是英法联军便野性大发,既驱逐居民,又拆除大批房屋去建筑码头等设施,害得北塘人民流离失所,无家可归,十室九空。最悲惨的是,有些妇女为了使自己和女儿不遭劫掠和奸污,竟一起自尽。英法联军常常手执棍子,闯入民宅,放肆掠夺,对于带不走的东西,就疯狂地加以破坏。在离开每个破坏的场所时,他们肩上总是扛着成捆劫掠之物。法军头目对于部下的这种罪行从未试图加以阻止,他们认为抢劫是军人的权利。对于北塘镇遭劫掠的景象,英军头目巴夏礼也承认:"这个镇景况凄惨,因为被我们的军队洗劫了。所谓我们的,是指全部军队。我必须承认,虽然我们的人行为不良，但法国人更远远超过之。"此后，英法联军每攻一地，无不劫掠。8月12日，英法联军占领新河，切断大沽与天津之间的交通线。14日再占塘沽，21日攻占大沽炮台，同日侵入天津。9月9日，拒绝清政府的一再求和，向通州推进，21日，在京东八里桥大败清军。法军头目孟托班就因在这一战役中的"出色表现"，被封为八里桥伯爵。10月6日，英法联军兵临北京城，法军率先侵入圆明园，并开始掠夺。第二天，英法联军对圆明园公开实行大肆抢劫，抢掠活动整整持续3天。为了压迫清政府尽快接受他们的侵略条件，10月18、19日两天，额尔金又借口清政府杀死了一部分俘虏，发动3500多名英军，纵火焚烧圆明园，将这座经营100多年，综合中西建筑风格、聚集古今艺术品而建成的全世界罕见的壮丽宫殿和园林，化为灰烬，造成人类文化史上无可估量的损失。

对于英法侵略者在北京犯下的这一令人发指的罪行，法国著名作家雨果（Victor Hugo）1861年在写给当时参与焚掠圆明园的法军上尉巴特莱的一封信中表示了极大的厌恶和愤慨。他在信中这样写道：

先生，您问我对这次远征中国的看法，您觉得这次远征值得称誉，干得漂亮，而且您很客气，相当重视我的感想。按照您的高见，这次在维多利亚女王和拿破仑皇帝的双重旗帜下对中国的远征，是英法两国的光荣；您想知道我对英法两国的这一胜利究竟赞赏到何等程度。

既然您想知道我的看法,那么我答复如下:

在世界的一隅,存在着人类的一大奇迹,这个奇迹就是圆明园。艺术有两种渊源:一为理念——从中产生欧洲艺术;一为幻想——从中产生东方艺术。圆明园属于幻想艺术。一个近乎超人的民族所能幻想到的一切都汇集于圆明园。圆明园是规模巨大的幻想的原型,如果幻想也可能有原型的话。只要想象出一种无法描绘的建筑物,一种如同月宫似的仙境,那就是圆明园。假定有一座集人类想象力之大成的灿烂宝窟,以宫殿庙宇的形象出现,那就是圆明园。为了建筑圆明园,人们经历了两代人的长期劳动。那么这座像城池一般规模巨大、经过几世纪营造的园林究竟是为谁而建的呢?为人民,因为时光的流逝会使一切都属于全人类所有。艺术大师,诗人,哲学家,他们都知道圆明园。伏尔泰亦曾谈到过它。人们一向把希腊的巴特农神庙、埃及的金字塔、罗马的竞技场、巴黎的圣母院和东方的圆明园相提并论。如果不能亲眼目睹圆明园,人们就在梦中看到它。它仿佛在遥远的苍茫暮色中隐约眺见的一件前所未知的惊人杰作,宛如亚洲文明的轮廓崛起在欧洲文明的地平线上一样。

这个神奇的世界现在已经不见了。

有一天,两个强盗闯入了圆明园,一个动手抢劫,一个把它付诸一炬。原来胜利就是进行一场掠夺。胜利者盗窃了圆明园的全部财富,然后彼此分赃。这一切所作所为，均出自额尔金之名。这不禁使人油然想起巴特农神庙的事。他们把对待巴特农神庙的手法搬来对待圆明园，但是这一次做得更是干脆，更是彻底，一扫而光，不留一物。即使把我国所有圣母院的全部宝物加在一起，也不能同这个规模宏大而又富丽堂皇的东方博物馆媲美。收藏在这个东方博物馆里的不仅有杰出的艺术品，而且还保存有琳琅满目的金银制品。这真是一桩了不起的汗马功劳和一笔十分得意的外快！有一个胜利者把一个个的口袋都塞得满满的，至于那另外一个，也如法炮制，装满了一个个箱子。之后，他们双双才手拉着手荣归欧洲。这就是这两个强盗的一段经历。

我们欧洲人，总认为自己是文明人，在我们眼里，中国人是野蛮人。然而，文明却竟是这样对待野蛮的。在将来交付历史审判的时候，有一个强盗就会被人们叫做法兰西，另一个——叫做英吉利。对他们我要提出抗议，并且谢谢您给了我抗议的机会。绝对不能把统治者犯下的罪行跟受他们统治的人们的过错混为一谈。做强盗勾当的总是政府，至于各国的人民，则永远不会。

……法兰西帝国侵吞了一半宝物，现在，她居然无耻到这样的地步，还以所有者的身份把圆明园的这些美轮美奂的古代文物拿出来公开展览。我相信总有这样的一天——解放了的而且把身上的污浊洗刷干净了的法兰西，将会把自己的赃物交还给被劫夺的中国。

我暂且就这样证明：这次抢劫就是这两个掠夺者干的。先生，您现在总算知道了这就是我对远征中国的赞赏。

英国侵略者在焚毁圆明园后进一步威胁清政府，扬言如果不马上接受全部条件，将以同样方式焚毁北京城内的宫殿。在英、法两国武力的威逼和俄国使节的劝诱下，当时年仅24岁的恭亲王终于代表清政府，于10月24、25日分别与英、法侵略者交换《天津条约》，并订立中英、中法《北京条约》。

通过《北京条约》，法国又从清政府勒索到以下几项权利：①开辟天津为商埠。②准许华工出国。③发还以前被充公的天主教资产，另任法国传教士在各省租买田地，建造自便。后一内容是法国翻译在条约文本中擅自添加的。④给法国的赔偿由原来的200万两增加到800万两，另加抚恤金20万两。⑤减少商船吨税。至此，法国通过黄埔、天津、北京条约，不但得到了在华自由传教、通商游历，以及两国互派公使领事等权利，而且还攫取了领事裁判权、协定关税和片面最惠国待遇等严重损害中国主权的特权，成为近代西方列强侵略中国的一个重要国家。

二　法国扩大在华势力

❀1　传教士大肆活动

利用传教扩大在华影响,一直是法国的一个重要手段。两次鸦片战争期间,法国就为外国人在中国自由传教做了许多其他列强未能做的事情。中法《北京条约》签订后,法国更是为天主教会势力撑腰,在一系列民教纠纷中,不顾是非曲直,一味庇护教士,致使教会成为一股不受中国法律约束的罪恶势力。

中法《天津条约》和《北京条约》签订后,贵州天主教主教、法国传教士胡缚理(Louis Faurie)自以为有了庇护,更加骄横不可一世。1861年3月20日,他在接到法国驻华公使馆寄来的由总理衙门签发的"传教士护照"后,便以为此后进行传教活动可以不受任何约束,决定持护照去会见贵州军政官员,以获得贵州官府的认可。为此,他特制了服饰和舆轿,选配了仪仗和随从人员。4月4日这天,胡缚理肩披紫带,头戴方帽,坐进紫色大轿,由法国传教士、贵州天主教会外事司铎任国柱陪同,在100多名教徒组成的仪仗队的前呼后拥下，以清朝巡抚、提督一级官员的排场走上贵阳街头，在巡抚、提督衙门前口出狂言，傲慢无礼。随后又派法国传教士梅西满去重庆，向正在那里的法国驻华公使馆秘书德纳马汇报贵阳官府不尊重"传教特权"。

胡缚理的这一系列无礼行动，激怒了贵阳官府，提督田兴恕连续三次派兵去贵阳北天主堂，驱赶教徒，查抄经像、祭品及各种宗教用品，并向各府、州、县官员发出秘密公函。1861年7月，青岩县官府处死三名教徒。1862年2月，开州知州戴鹿芝以天主教徒拒绝参加祭龙活动，处死1名教士和4名中国教徒，这便是当时震动朝廷的贵阳教案。

贵阳教案发生后，法国公使即会见总理衙门大臣奕䜣，向清政府提出处死田兴恕、戴鹿芝等清朝官员，派亲王大臣到法国谢罪，赔偿损失等蛮横要求，并联络英、美、俄等列强的驻华公使向清政府提出了"强烈抗议"，要求严惩处死教士、教徒的官员。在法国政府及英、美、俄等国共同胁迫下，清朝政府最后只好部分答应法国的要求，将有关官员革职、议处，另赔银1.2万两，以了结此案。

1862年在第一次南昌教案中，法国政府又站在传教士一边，出面胁迫清政府满足法国传教士的要求。《北京条约》签订后，外国传教士根据条约中有关发还以前被充公的天主教教产，以及听任法国传教士在各省购置田产，悉听自便的规定，纷纷涌入中国内地传教，并刮起一股"还堂风"。南昌府吴城镇梅家巷、汤家园等处,旧有法国天主堂两所,道光年间相继被拆毁。1861年11月10日,法国公使哥士耆(M. A. Kleczkowski)致函总理衙门,要求查还此两处堂址,或另择相当之地交还,并要求在江西遍贴中法和约告示。根据哥士耆的要求,11月12日,总理衙门咨行江西巡抚毓科,示其仿照山东、浙江两省归还旧堂成案一律办理。此一咨文由前赴江西传教的法国传教士罗安当(Antoine Anot)带交。1862年1月,罗安当抵达南昌后,不但恢复了南昌城进贤门外的天主堂,而且要扩大堂址,以便劝民入教,按期礼拜,另将筷子巷房屋正式作为育婴公所。此后,续建袁家井教堂,在城内外教堂内收养女婴。

1862年3月,适值南昌院试之期,各地会考生童云集南昌。有人将揭露洋教污秽奸恶的《湖南合省公檄》带来,广为散发。加之罗安当等人的育婴堂所收女童多在10岁上下,很少初生婴儿,教堂、育婴堂往往紧闭大门,另由屋后小门出入,非信教之人不得入内观看,引起百姓疑忌,以为确有采生折割之事。4月15日,不少生童、百姓拥至筷子巷教堂,顿时一呼百应,聚集起成千上万的观众,将筷子巷教堂及袁家井教堂捣毁。平日素习洋教并为教士代理照料一切的义和酒炭店、合太盐店内的器皿货物,也被悉数打碎。教民的数十间房屋亦遭不同程度的破坏。罗安当和另一名教士逃脱。

案发后,时任江西巡抚的沈葆桢,以此案系南昌市民出于爱国之心,对于缉捕肇事者并不积极,上奏朝廷自请交部严加议处。但法国公使却在京城胁迫清政府务必严肃处理。1862年10月6日,法国公使哥士耆照会总理衙门,提出以下要求:①要两江总督曾国藩、江西巡抚沈葆桢饬禁所属官员及士民,以后不可再蹈前辙;②教士罗安当前往江西时,沿途应予款待,曾国藩、沈葆桢应待以宾礼,教士进谒,不得托故不见;③赔偿教会及江西教民损失7万两,其中罗安当名下1万两;④道光年间江西吴城镇烧毁的天主教堂及铺面应查还或另行赔偿;⑤沈葆桢应在江西九江城内择废庙或空闲房屋,占地在15亩上下,送给罗安当为教会公产。当法国的要求遭到南昌广大士绅拒绝后,12月27日,法国公使哥士耆再次照会总理衙门,不惜以武力相威胁,扬言法国已决定派三等提督若勒思另带兵船来华,现在中国洋面的兵船及屯扎陆路的法军,均归其统率,不几月即可抵京。

在法国政府武力恫吓之下,清朝政府终于屈服,1863年1月6日发布上谕,责成沈葆桢速结此案,并派人护送罗安当回江西南昌。

在清政府一再严催下,沈葆桢派署九江道蔡锦青与罗安当商议,达成以下几点协议:①由司道刊贴告示,禁止滋扰教堂。②南昌城内育婴堂两所被毁,赔银3000两;城外天主堂一所被毁,赔银2000两;教民失物,除按单追还外,另赔补银5000两;进贤县教民被拆屋宇,赔银3000两。③道光年间吴城镇被毁之教堂两所,除交还或抵给地基外,另赔给修造费1000两。④支付罗安当赴京告状往返盘费、津贴1000两。

就这样，法国政府又一次为天主教士在中国强占民产、肆行掠夺撑了腰。

法国政府保护在华天主教势力在1870年的天主教案中尤为嚣张。天津为北方一重要港口城市，第二次鸦片战争后被辟为商埠。1861年法国传教士卫儒梅（Talmier）被派来津，发展天主教会势力，并通过法国驻华代理参赞兼署驻天津领事德尔沃，向三口通商大臣崇厚交涉，迫其答应将天津最繁盛之区——三岔河口北岸的望海楼、崇禧观一带15亩土地永久租给法国传教士。在法国政府的鼓励下，法国教会势力在天津很快得到很大的发展，天主教徒们狐假虎威，形成"国中之国"，漠视当地法律和习俗，压制不信教的人，践踏中国法度，激起津郡绅民的强烈不满。1870年6月，当地民众获悉法国天主教拐买并残虐儿童，要求进行调查。6月21日，群众齐集教堂和法国领事馆门前示威，法国领事丰大业（Henri-Victor Fontanier）通知三口通商大臣崇厚立时派兵进行镇压，崇厚不敢照办，丰大业即冲进通商衙门，一见崇厚便出言不逊，并取枪射击，将室内陈设信手打破。归途中，遇见天津知县刘杰，丰大业又持枪射击，击伤刘杰家人。丰大业的暴行极大地激怒了当地群众，气愤已极的人们一齐动手，当场将丰大业及其随员西蒙（Simon）击毙。随后，又奔向望海楼等处，将法国教堂、领事馆、仁慈堂及洋行一概焚毁，并从仁慈堂查出幼孩150余人。在混乱中，另焚毁英国礼堂四处、美国礼堂两处，殴毙法国传教士谢福音（C. M. Chevrier）、法国领事馆翻译汤吗辛夫妇、仁慈堂修女10名（其中法国6人，比利时2人，意大利1人，爱尔兰1人），法国商人查勒吗松夫妇、俄国商人巴索福及普罗洛波波夫夫妇，连丰大业和西蒙，共20人。这就是当时中外瞩目的天津教案。

天津教案完全是丰大业一手挑起的，但法国代理公使罗淑亚（Louis Jules Rochechouart）却撇开丰大业屡次挑衅的事实不提，1870年6月22日，联合俄、西、美、德、比、英等国驻华公使，发出七国联合照会，宣布清政府要负完全责任。同时，法国和英国又将兵船开到塘沽海面示威，法舰向岸上村庄发炮27发，其海军将领甚至扬言若十数日内再无切实办法，即将津郡化作焦土。在法国等外国势力的恫吓下，6月25日，清政府即降旨将崇厚、刘杰等官员交部议处，随后又派崇厚任出使钦差大臣，赍国书驰赴法国"乞情致歉"。但法国代理公使罗淑亚仍继续纠缠，7月2日照会总理衙门，坚持要严惩天津办理不善官员。清政府又一次屈服，派曾国藩赴津"查办"，与罗淑亚具体协商，将天津人民反教斗争残酷镇压下去，以一命抵一命之说正法20人，另军徒者25人，偿银503488.19两。

在法国政府的庇护下，天主教在华传教事业日益扩大，至1870年欧籍在华天主教士即达250人，南至海南岛，西至西藏，北至东北三省，几乎在全中国都设有天主教的机关。天主教成为法国在华势力的一个重要象征。

觊觎西南边疆

为扩大在中国的影响,法国政府一直试图能像英国一样,在中国占领一个香港这样的岛屿或港口,并有一个印度这样的远东殖民地。随着19世纪60年代中国边疆地区开始出现危机,法国便开始与英国展开从中南半岛窥伺中国西南(首先是云南)的竞争。

在对中国西南边疆的觊觎中,法国主要把越南作为侵入中国西南的"后门"。在19世纪50年代末60年代初,通过对越南接连发动侵略战争,占有越南南部后,法国政府即积极尝试进入中国云南的可能性。1866年法国组成一支探测队,在特拉格来(Doudard de Lagrée)和安邺(Francis Garnier)的率领下,从西贡出发探测从湄公河(澜沧江下游)进入中国的可能性,结果发现该河上游不宜通航,于是将注意力移向越南北部,想在那里取得到达云南的通路。1871年,法国冒险家堵布益(Jean Dupuis)利用云南当局急欲镇压回民起事的时机,借口代为采购军火,获得查勘红河的机会,亲身证实该河为从云南经越南而出海的可航行水道。随后,他在法国当局的支持下,组织武力,横行红河之上,试图一手包揽运货通商的利益,与越南当局发生纠纷,向法国当局救援。法国驻西贡总督杜白蕾(Duperré)早有占领北圻的意思,便派安邺以解决堵布益纠纷为名,率军前往越南北部。1873年11月5日,安邺抵达河内,驻军城外,立即撕破假面具,与堵布益狼狈为奸,欲恃强奠定法国在北越的优势。20日,法军开炮轰击并侵入河内城,继而在红河三角洲勾结北越匪徒,大肆骚扰,但法国占领北越的意图为刘永福领导的黑旗军所阻。黑旗军原是太平天国时期活动于广西的农民起义军,后来被清军压迫,流亡到越南。在关键时刻,他们应越王之请,挺身而出,援救河内,在12月21日的一次战斗中打死法军头目安邺,迫使法军撤出北越。

  法国侵略北越以及经北越窥伺云南的计划,虽因普法战争的失败,无力在海外再战,而遭受暂时挫折,但法国的目标始终没有放弃。1874年3月15日,法国与越南缔结《西贡条约》,将越南作为法国的保护国,并获得开放红河河道的承诺。19世纪70、80年代之交,随着国力的恢复,法国便重新加紧对越南的进攻和对我国西南地区的窥伺。1874年6月,法国驻海防领事土尔克(Turque)对一些传教士公开叫嚣:法国必须占领北越,因为它是一个理想的军事基地,有了这个基地,一旦欧洲各强国瓜分中国,我们将是最先到达中国腹地的人。1881年4月,法国海军部长也明确表示:在越南建立一个极确定的保护国,应该是法国希望达到的主要目的。第二年初,法国驻西贡总督即派冒险家李维业(H. L. Rivière)率军前往北越,打算强力开放红河。4月间,李维业出动军队,攻占河内,把该地作为在北越进行侵略活动的主要据点。

  对于法国在越南的侵略活动,清朝政府极为关注。1875年5月法国驻北京代办罗淑亚将1874年签订的法越《西贡条约》通知总理衙门,清政府即指出,越南"自古为中国藩属",不予承认。从1880年起,兼任驻法公使的曾纪泽更是屡次向法国当局表明态度,指出:中国对法国在越南的活动及目的深感不安,对法国的行动不能漠然视之,但同时也表示并不反对举行和平谈判,设法满足法国在北越从事正当贸易的愿望。法军攻陷河内后,曾纪泽再次向法国政府提出强烈抗议。在中国内部,清政府也采取了一些相应的步骤,应越南国王的要求,增强原驻在北越的桂军,1882年6月并命令云南当局也派兵出境,与桂军互为策应,防范法军对北越的进一步侵犯。此外,清政府还派人与刘永福联络,开始把黑旗军当作一支抵抗法国侵略者的武装力量。尽管如此,当时清政府仍然希望能与法国和平谈判解决。1882年11、12月间,李鸿章与法国驻华公使宝海(F. A. Bourée)就越南问题达成初步协议,双方同意:在滇桂界外与红河中间之地划界,由中法两国分别保护;准许外国商人溯红河到中越边界从事对云南的贸易;中国驻北越军队适当后退,法国声明无侵犯越南领土主权之意。清政府希望以此为双方的进一步谈判奠定基础。但清政府的这一希望,不久便因法国政府的改组而破灭。

1883年2月,茹费理(Jules Ferry)新阁成立,积极地推行殖民扩张政策,迫不及待地要吞并越南全境,打开我国西南大门。茹费理内阁一上台,便推翻宝海与李鸿章的协议,撤换了宝海的公使职务,另任命倾向主战的驻日公使脱利古(Tricou)前来中国。1883

年6月，脱利古抵达上海后与李鸿章谈判，根本不是想同中国协商和平解决越南的问题，而是要强迫中国无条件承认法国在北越的侵略地位，要中国宣布不给黑旗军以援助。他向李鸿章恫吓说："目下情形，只论力，不论理"，如果中国不答应法国的要求，那么，"即与中国失和，亦所不恤"。关于越南的局势，他不允许中国更多地过问，只许同他讨论中越两国交界处的"通商"和"划界"两事，态度十分蛮横。因此，将近一个月的上海谈判，毫无结果。8月间，曾纪泽与法国政府进行了直接交涉，但也因双方出发点背道而驰，没有达成任何协议。事实上，这时的法国政府更急于采取战争政策。是年3月，李维业受法国驻西贡总督派遣，又指挥法军在红河三角洲一带积极活动。5月19日，在怀德府的纸桥一战中，李维业被勇敢的黑旗军当场击毙。法国政府便乘机煽动全面的侵略战争，国会一致投票通过北圻军费拨款，除增援陆军外，还成立北越舰队，以孤拔（Courbet）为司令，另新设民政长官，协调军政事宜。8月间，法军一面在北越加紧攻击黑旗军，一面以军舰进攻越南中部，直逼越都顺化。8月25日，法军迫使越南阮氏王朝订立城下之盟——《顺化条约》，取得对越南的保护权。

《顺化条约》签订后，法国政府自恃占了上风，试图以外交方式诱使清政府答应他们的要求。9月15日，法国正式向中国提出一个解决越南问题的方案，其要点为：第一，从北越东海岸的北纬21°至22°之间某一地点起，划定一线至老街（当时中国称保胜），该线以北到中国边界之间的地带为中立区,中法双方都不得进占。换言之,该线以南地区全归法国所有。第二,中国应开放云南的蛮耗为商埠。这个方案的实质,是法国企图通过划定一狭小的所谓中立区的办法,使中国撤出驻越军队,承认法国对整个越南的殖民统治,并主动向法国侵略者开放自己的"后门"。

法国的方案提出后,曾纪泽与法方开始就这个方案举行谈判。与此同时,脱利古与李鸿章之间的接触也在天津恢复。但当时的清政府鉴于邻国的危亡及本国所面临的威胁,同时受人民群众反对外国侵略者情绪的感染,最后决定拒绝法国所提出的方案,只提出以北纬21°即河内为界,界线以北归中国保护的办法。但是这个方案亦为法国悍然拒绝。

10月下旬,谈判破裂后,法国便决定重新诉诸武力。10月底,茹费理公然宣称将以武力强占中国当时着意防御的红河三角洲地区。同时,脱利古在离开中国的前夕,也表达了法国要用武力对付中国的决定。他向李鸿章的代表马建忠说:本国业已电谕统领孤拔集结军队,务令将在北越境内凡手持兵械者尽行扫清,即使中国官兵,也以土匪论,一概驱逐。

对于法国的挑战,清政府不得不公开表明自己的态度。10月底,清政府颁谕褒奖刘永福,以使刘永福领导的黑旗军担当起更严峻的抗敌任务。11月初,清政府又密谕两广军政当局,指示倘若法军侵入我军驻扎之地,即予还击。17日,曾纪泽正式照会法国政府,确切声明在茹费理宣称要占领的地区驻有中国军队,警告法国慎重行事，以免引起冲突。前此一日，总理衙门也以同样的意思照会法国及各国驻华使馆。11月底，清政府命云贵总督岑毓英前往北越，指挥当地的军事。

至此，中法之间已呈剑拔弩张之势。

3 中法交战

1883年底，法国侵略者为觊觎我国西南边疆，终于单独发动了一场对中国的战争。

是年12月11日，法国侵略者不顾清政府一再声明，按预定计划，出动水陆两军共6000余人自河内出发，向驻守在山西的黑旗军和数营清朝正规军——桂军和滇军发起猛烈的进攻，并依仗优势装备，很快于16日占领山西城，滇军、黑旗军退兴化，桂军撤回北宁。法军占领山西城后，继续调兵遣将。1884年2月米乐（Millot）继孤拔为总司令，法军增至1.6万人，向红河三角洲的中国军队驻地发动全面进攻。3月12日，法军侵入北宁，19日陷太原，4月12日占兴化。至此，法国完成了占领红河三角洲的计划。

1884年6月，法国政府又借口北黎中国守军还击法军，扩大对中国的战争，准备把战火烧到中国本土，迫使清政府接受他们的条件。为此，北黎冲突后，法国重新部署兵力，将它在中国和北越的舰队合成远东舰队，重新任命孤拔为统帅。7月13日，法国海军当局命令孤拔把军舰分别开进福州和基隆，作好军事进攻准备。8月2日，孤拔奉法国政府之命，派遣远东舰队副司令、海军少将利士比（Lespés）前往基隆，指示他破坏基隆港的清军防御及市街，并占领附近煤矿，以供军舰所需燃料。8月4日，利士比抵达基隆，要挟清军守将苏得胜、曹志忠撤除防御工事，限令次日上午8时交出炮台，为当地守军拒绝。督办台湾军务大臣刘铭传闻讯后，立即自台北驰赴基隆，亲自督战。8月5日黎明，法军发动猛烈进攻，中国守军顽强应战。在炮台被轰毁后，基隆守军撤退海滨各营，拟诱敌上陆，与之决战。次日，法军四五百人在军舰大炮的掩护下，分两路进犯，一路在二重桥北山上筑营，一路直逼清军曹志忠营所据的高地。曹坚守阵地，并派出小队迎战。刘铭传命章高元、苏得胜率百余人抄袭法军东侧，邓长安率60余人绕击其西，完成对法军的包围，激战数小时，迫使法军退还海上。

法军进攻基隆失败后，转而集中力量攻击中国南洋舰队基地福建马尾军港。由于马尾船政局系由法国人帮助创建，因此，法军对这里的情况十分熟悉。7月中旬起，法国军舰就陆续强行驶入马江。为发动马江战役，法军共有8艘装备精良的兵舰驶入马尾军港，总吨数为14500余吨，装炮77门，多数为大口径的线膛炮，并装备有数量很多的哈立开斯机关炮和两艘鱼雷艇，共有兵员1700余人；另有两艘兵舰在闽江口监视航道，防我塞港。8月23日，法国兵舰发动突然袭击，大炮水雷同时轰击马尾军港内的清军兵轮。法舰偷袭得逞后，又连日在马江两岸大肆烧杀破坏，炮轰马尾造船厂，焚烧民房，击毁炮台，8月30日始撤出马江，泊于马祖澳。马江一役，中方损失惨重，共有兵船9艘、各种旧式艇船40余艘被击沉，官兵死伤700余人，两岸炮台多被摧毁，有些大炮被掳去。而法军只伤5艘兵舰，伤亡50余人。

偷袭马尾后，关于下一步的军事行动，法军总司令孤拔和驻华公使巴德诺竭力主张首先摧毁淡水的中国军事防御设施，然后留两舰看守基隆，其余兵力全数北上，攻击烟台、威海卫及旅顺，给中国当局造成最大威胁。但茹费理政府没有批准这一计划，认为法国在远东的兵力有限，难以实现这一计划，再则进攻北方港口，很可能会招来英、德等列强的疑忌和反对。于是，法国政府决定对中国的战争主要限于台湾和中越边境，并向远东舰队增派3个步兵大队、1个炮兵中队、3个炮兵小队，于9月中旬抵达马祖澳。

根据法国政府的指令，法军再度进攻台湾。9月29日、30日，孤拔和利士比分别率领舰队自马祖澳出发，9月30日上午和10月1日到达基隆和淡水海面，连同原在基隆海面的军舰，两路共有兵舰14艘。法军把主力部署在基隆港，攻打基隆港的战舰有"巴雅"、"雷诺堡"、"杜居土路因"、"鲁汀"、"益士弼"、"斗拉克"、"胆"、"尼夫"、"梭尼"、"巴斯瓦尔"等共10艘，步兵、炮兵计2000多名。淡水方面，法舰4艘，它们是"拉加利桑尼亚"号、"凯旋"号、"德斯丹"号、"蝮蛇"号，有陆战队员约300人。当时，驻守基隆的清军共有9个营，约4500人。由于港口炮台尚未修复，刘铭传将曹志忠部6个营部署在港湾东岸防守，章高元部2个营及陈永隆部1个营扼守西岸。10月1日，法军对基隆发起攻击，被基隆守军击退。正在这时，淡水前敌营务处李彤恩三次飞书告急，夸大淡水敌情，刘铭传以淡水为基隆后路，为台北的根本重地，若淡水不守，则前军不战而溃，于是决定放弃基隆，连夜率主力驰援淡水。10月2日，法军在未遇抵抗的情况下，占领基隆和狮球岭。但法军进攻淡水却遭到惨败。10月8日，淡水守军诱敌深入，大败法军，击毙法军300余人，取得淡水之战的重大胜利。

经过基隆、淡水前后三次战役，孤拔感到攻击台湾北部并不容易。于是，他在得到法国政府的批准后，改变战略，10月20日宣布自本月23日起，封锁台湾所有的海口，北自苏澳，南至鹅鸾鼻，共339海里，禁止船只出入。同时，法国政府又增派4000名援兵于1885年1月先后到达基隆。法军对台湾的封锁，虽然给台湾守军带来一定的困难，但法军在基隆从陆地攻占淡水的计划始终没有得逞。1885年1~3月间基隆的法军曾三次进攻淡水，但均被刘铭传领导的台湾守军挫败，伤亡惨重。1月10日"乌嘴峰之战"，法军伤亡100余人；1月25日至2月4日，第一次月眉山之战，法军伤亡300余人；3月4日第二次月眉山之战，法军伤亡400余人。孤拔进攻淡水不成，3月28日转而进攻孤悬海上的澎湖列岛。29日，开始进攻妈宫、莳里、珠母水等地，4月1日侵占澎湖。

在中越边境战场上，法军先胜后败，也未在军事上取得优势。马尾战役后，清政府忍无可忍，8月26日下诏谴责法国先启兵端，饬令沿海各口如有法国兵轮驶入，各军官兵全力攻击，悉数驱除，另把军事重心放在北越战场上，争取在那里取得主动，分东西两线向北越进兵。东线清军在广西巡抚潘鼎新指挥下，8、9月间越过谅山、谷松，屯扎船头、郎甲一带。西线清军在云南总督岑毓英指挥下，于10月进抵宣光，与黑旗军一起围困驻守宣光法军。但由于清军缺乏统一指挥，路远兵单，一度处于被动局面。10月，法军在东线集中兵力发动进攻，攻陷郎甲、船头。1885年2月，法军在得到增援后，加强东线攻势。2月13日攻占谅山，24日占领镇南关（今友谊关），把战火烧到中国境内。法军在东线得手后，又分兵西援宣光。3月初，法援军到达宣光，再解宣光之围。一时间朝野震动。

但形势又很快发生戏剧性的变化。谅山、镇南关失守后，奉命增援东路清军的70岁老将冯子材和淮军总兵王孝祺立即赶往前线指挥。冯子材任广西提督时，曾应越南政府的请求，三次奉命出关，平定北圻反越武装力量，在清军中享有声望，抵达前线后即被各军举为统帅。淮军总兵王孝祺与各将领相约："今无论湘、粤、淮军，宜并受冯公节度。"2月25日，冯军进驻凭祥后，鉴于当时清军装备粗劣，元气未复，而法军锐气正盛，便决定以守制敌，在镇南关南面10里处的关前隘修筑长墙扼守。3月13日至18日，冯子材首次组织各军西击扣波，粉碎法军进攻龙州的企图。21

二 法国扩大在华势力

日以协同诸军南袭文渊,打乱敌军进攻部署。3月23日至24日当法军向关前隘阵地发动旅团级的大规模进攻时,冯身先士卒,汇合前线各军,浴血奋战两昼夜,毙敌千余名,取得关前隘大捷。26日,清军乘胜出击,挥师出关,连克文渊、谅山、谷松、屯梅、观音桥,直逼郎甲(即谅江府),在短短的7天时间里夺回半年前失去的全部阵地。与此同时,在西线战场,刘永福率领的黑旗军于23、24日与越南义军合作,在临洮大败法军,取得临洮大捷,并相继收复广威、清水、锦溪等府县。兴化、太原、北宁等省群众亦纷纷而起,越南北部出现一派抗法战争的胜利景象。

3月30日,法军大败消息传到巴黎后,早就对海外战争不满的群众举行示威游行,他们聚集在议会和外交部前,高呼"打倒茹费理!打死茹费理!消灭茹费理!"的口号。在群众的压力下,当天晚上,有"东京佬"(东京是西方人对当时越南北部的称呼)之称的茹费理在议会的一片反对和谴责声中被迫下台,中法战争就此结束。

4 "不胜而胜"

在整个中法战争期间,总的来说,法国侵略者在军事上并没有实现预期的战略目标,也未取得绝对优势,但它在英、美、德等西方列强从旁协助下,利用清政府的腐败,却在谈判桌上得到了它在战争中没有得到的东西,"不胜而胜"。

1884年初,法国侵略者在完成占领红河三角洲计划后,便开始利用这一军事优势,通过外交途径胁迫清政府接受他们的侵略条件。是年4月,法国政府命巴德诺(Patenôtre)前往越南,订立最后的保护条约。6月6日,法越签订新的《顺化条约》,将法国在越南中部和北部的殖民统治最终确定下来。与此同时,法国政府又通过中国粤海关税务司德国人德璀琳(G. Detring)向清政府进行劝和活动。在德璀琳的联系下,5月,法国政府决定由法海军舰长福禄诺(F. E. Fournier)到天津与李鸿章进行谈判。但福禄诺在来天津谈判之前,就向清政府提出以撤销曾纪泽的驻法公使职务为和谈的先决条件。法国侵略者之所以憎恨曾纪泽,是因为曾纪泽连年来在中法谈判中态度一贯比较强硬。福禄诺要求撤换曾驻法公使职务的借口是说曾不久前发表过"中国此时虽失山西,尚未似10年前失守师丹(即色当)之故事也"的言论,伤害了法国的"尊严"。而腐败的清政府为表达自己求和的"诚意",竟然亦答应了法国侵略者的要求,4月28日,明令撤换曾纪泽驻法公使职务,暂以驻德公使李凤苞兼代。

福禄诺和李鸿章的谈判于5月6日在天津举行。其实,这场所谓的谈判,只不过是一方动议,另一方承诺而已。在经过二三小时的会晤后,李鸿章与福禄诺便将重要问题都议妥,满足了法国侵吞越南并窥伺中国的全部愿望。协议规定:①清政府同意对法国与越南间的"所有已定与未定条约"不加过问。换言之,清政府承认1883年8月的《顺化条约》以及法国以后可能迫使越南签订的任何条约,承认法国对越南的所谓"保护权"。②清政府同意将境外的防军"即行调回边界"。③中越边界开放通商,清政府同意将来与法国议订有关商约税则时,应"于法国商务极为有益"。④本条款签订后三个月由双方派代表议订详细条约。5月11日,李鸿章、福禄诺分别代表中、法在双方达成的协议上签字,这便是通常所说的李福天津《简明条约》。

天津《简明条约》在清朝统治集团内部引起强烈的不满,李鸿章成了众矢之的,许多人以对条约签字者的个人抨击来表示对条约本身的抗议。清政府虽然同意了《简明条约》的内容并授权李鸿章签字,但又深深感受到反对妥协的压力,因此在订约后还是一再严令负责北越军事的将帅"督饬各军,仍在原处,进止机宜,听候谕旨"。这样一来,李鸿章便不敢以福禄诺片面规定的法军预定在北越接防的日期奏报朝廷,而滇桂前敌将帅也就不敢私自撤防。于是,便导致了6月间法军"接防"遭北黎守军拒绝的"北黎事件"。

北黎事件发生后,法国政府又向清政府进行新的外交讹诈。法方把破坏李福天津《简明条约》的罪名加在中国身上,向中国政府提出"抗议",要中国立刻从北越撤军,并向法国赔款。7月9日,茹费理照会李凤苞,要中国提供忠实执行《简明条约》的担保,要清政府在《京报》上公布即刻从北越撤兵的谕旨,并向中国提出2.5亿法郎的赔款,威胁说:以上各点如无满意答复,法国便将采取直接行动来自行获取担保品和赔款。12日，法国驻北京代办谢满禄（de Semallé）以最后通牒的形式，把这些要求向总理衙门直接提出，限期7日照办。

对于法方新的外交讹诈，清政府委曲求和，以北黎冲突出于误会，力求避免因此和局破裂，提议当时正由越南首途来华的法国公使巴德诺尽速前来天津或北京，依照李福《简明条约》的规定同中国代表早日议订详细条约。总理衙门派赫德（Robert Hart）前往上海，接着又先后命令上海道邵友濂和两江总督曾国荃与抵达上海的巴德诺谈判。为使法方满意，清政府还于7月16日明令滇桂两军一月内由北越"全数撤竣"。但是，清政府坚决拒绝赔款，拒不接受任何《简明条约》规定以外的新的要求。这样，谈判破裂。8月，法国政府重新付诸武力，攻打基隆，袭击马江。

但法国政府在发动军事进攻的时候，并没有放弃对清政府的诱和活动。和谈破裂后，法国公使巴德诺仍留在上海，领事林椿（P. Ristelhueber）也仍住在天津。而英、美、德等列强为了各自目的，也纷纷出来调停，力促清政府和议，接受法方的赔款要求。10月初，法领事林椿与李鸿章在天津重新密谋和议。11日，茹费理根据当时法国的国内外形势和在远东战场的形势，提出以下和议的基本条款：中国军队须从北越撤退，法舰即停止在中国作战；中国须批准李福《简明条约》，并根据该条约由中法缔结正式商约；法军占领基隆，直至《简明条约》完全实行。关于赔款问题，茹费理表示可以不用赔款的名义，以"保留据有基隆及淡水的海关及矿区若干年"作为赔款的等价代替品，占领期限，或以付款方式缩短期限问题，可由他国调停。对于法国提出的这些条款，此时的李鸿章不敢贸然答应。10月24日与林椿另拟和议方案七款。其中不提法国占据基隆、淡水，允许中国军队暂驻北越的谅山、保胜（老街）等地，中国则同意向法国借款，在建筑铁路时给法国以某些利益。但这一方案被法国政府拒绝。此后，法国政府主要求助英国胁迫清政府接受法方提出的条件。

10月21日，法国将茹费理所拟的条款告知英国政府。英国虽然与法国在争夺远东势力上存在矛盾，但鉴于中法之间长期冲突影响到英国的对华贸易，并考虑到"中国的任何胜利都会对欧洲人发生严重的后果"，英国外相格兰维尔（Granville）决定站在法国一边，基本同意法国的条款。他命令驻华公使巴夏礼与赫德磋商，探询清政府的反应。11月初，清政府提出自己的八项和议条件，打算委托英国政府转交法国。这八项条件是：①李福天津《简明条约》须加"酌改"。②从谅山到老街划一直线为中越边界，线北为中国军队驻守。③线外法越通商自便，线内通商各事留待后议。④法国不得居保护越南之名，干预越南政令。⑤中法两国应派员会议。⑥中法此次订约，应以中文为主。⑦北越中国军队暂扎不进，法军退出基隆，泊船待议论；订和约后双方定期撤兵，法应解除对台湾的封锁。⑧中国理应要求赔款，为和好起见，可以免索。而英国政府则以中国的八项条件不可能为法国所接受，拒绝把这些条款转达法国。由于当时中法双方在战场上还没有明显的胜负迹象，英国的调停未能奏效。

英国政府调停失败后，12月初中国海关总税务司赫德决定利用自己对清政府的影响，继续英国政府的调停以促其成。1885年2月28日，赫德乘中方在战场上一时失利，在得到清政府的批准后，向茹费理提出如下议和草约：第一款，中国批准李福天津《简明条约》，法国别无所求。第二款，双方停战，法国立即解除对台湾的封锁。第三款，法国派公使到天津或北京议订详细条约，然后双方规定撤兵日期。3月初，当中国军队在北越战场赢得巨大胜利时，赫德又唯恐清政府变卦，立即打电报给中国海关驻伦敦办事处税务司英国人金登干（J. D. Campbell），通知其尽早与法国签字停战。4月4日，金登干代表清政府与法国外交部政务司司长毕乐（A. Billot）在2月28日赫德所拟草约的基础上，在巴黎匆匆签订停战协定。

停战协定签订后，赫德继续操纵中法正式条约的谈判，由他的代理人金登干与法国外交部政务司副司长戈可当（G. Cogordan）在巴黎具体拟定和约条款，然后再由中法政府分别把条款交李鸿章和巴德诺就细节和约文加以核对。6月9日，李鸿章代表清政府和法国公使巴德诺在天津正式签订中法战争的最后和约——《越南条款》。该条约共10条，主要内容是：法国侵略军定期从台湾、澎湖全数撤退，清政府确认法国对越南的殖民统治，应允给法国一些经济侵华利

51

益，其中包括开放中越边界贸易，中国开辟两处商埠，"一为保胜以上"，即云南边界，"一在谅山以北"，即广西境内；越南与滇、桂两省之间进出口货物的税率应"照现在通商税则较减"，中国如拟创办铁路，应"向法国业此之人商办"，等等。

中法《越南条款》签订后，根据条款中的有关规定，清政府又与法国就中越陆路通商问题举行谈判。经过长时期的谈判，1886年4月和1887年6月，清政府先后与法国政府签订《越南边界通商章程》和《续议商务专条》两个条约。这两个文件对有关中越边界商务作了具体规定，其中包括：中国开放广西龙州、云南、蒙自、蛮耗为商埠，法国派领事驻龙州、蒙自；法商远洋货经上述商埠入中国，照通商海关税则减3/10税收，运中国土货出口至越南，照通商海关税则减税4/10；法国货物可经谅山到龙州及高平到达龙州的河流运入中国等。至此，法国实现了从越南侵入中国西南的野心。

三 法国抢夺势力范围干涉中国内政

经营西南

中法战争后，法国实现了从越南侵入我国西南的野心。至19世纪末西方列强在中国掀起瓜分势力范围的时候，法国便捷足先登，将我国西南地区，包括云南、广东、广西，甚至四川，作为其势力范围，汲汲经营。

1895年5月8日，即在清政府与日本在烟台交换马关条约批准书的同一天，法国政府便以干涉还辽有功，率先向清政府索取"报酬"。法国外长阿诺托（M. Hanotaux）向中国驻法公使龚照瑗说："法国屡次帮助中国，但中越边界及通商问题迄今未解决，请立即商议通融办法。"同时，驻华法使施阿兰（A. Gérard）接连到总理衙门催逼。乍经战败的清政府明知法国"亦近居功求报"，但不敢开罪法国，忍气吞声从其所请，6月20日与施阿兰订立中法《续议界务专条附章》和《续议商务专条附章》。

中法界约大致规定了龙膊以西的中越边界,将猛乌、乌得、化邦、哈当贺、联盟、猛地等处划归法属越南。中法商约对1886~1887年双方订立的两个通商章程进一步予以确认,并向法国提供了新的特权:开放广西龙州和云南蒙自、思茅、河口等四处为商埠,前三处法国可派领事,在河口可派领事属下人员,上述四处进出口货物,按沿海各口税率减收4/10;允许越南已有和日后修筑铁路可接至中国境内;中国将来在云南、广西、广东开矿时,先向法国厂商或矿师人员商办等。

在经略西南过程中,法国特别重视对铁路权的占夺,以弥补自越南从水路进入我国西南所存在的局限。条约签订后不久,法国政府就迫不及待地要将越南现有或计划中修建的铁路伸到中国境内。7月5日,法国外长阿诺托从巴黎发电报给施阿兰,向他提供法国费务林公司(La Compagnie de Fives-Lille)准备敷设自越南同登至广西龙州铁路的全部资料。之后,又寄给他一份紧急训令,指示他就此事依约到总理衙门进行交涉。9月9日,施阿兰正式遵命向总理衙门提出包揽龙州至镇南关铁路的要求。9月20日,费务林公司的工程师葛理义(A. Grille)抵达北京,准备签订合同。但当时总理衙门婉拒了法国的要求,指出在国内主要铁路尚未完成之前,很难考虑边界方面的铁路建筑问题,并声明说,即使1895年6月20日的条约规定越南的铁路可以延伸到中国界内,但并未规定条件及日期,而且费务林公司所提的许多要求与中国的主权相抵触。

在施阿兰的一再纠缠下，11月2日总理衙门提出一个方案，由中国自己建造一条由龙州至越南的铁路，"酌用法国工、料"。而施阿兰于12月底提出另一方案：由费务林公司承包该铁路的建筑及经营，中国官方加以"稽察"。这一方案最后被总理衙门接受，1896年6月5日，总理衙门与费务林公司签订了龙州至镇南关铁路合同。法国由此获得中国政府同意让与的第一个筑路特权。1897年6月，施阿兰又与总理衙门以互换照会形式进一步规定同登至龙州铁路竣工后，中国允许费务林公司将铁路延至南宁、百色。但后来由于法国把重点转向滇越铁路，龙州至镇南关的铁路始终未能修筑。

1897年秋，法使吕班（Dubail）正式向清政府提出修筑云南铁路特权的要求。在未得中方同意的情况下，法越总督杜梅（Paul Doumer）即命大尉邦勒甘测勘红河至蒙自线路，又命越南交通司基勒莫它测勘老开至云南线，命卫牙进测云南至四川叙州线。1898年4月，法使吕班胁迫总理衙门答应由法国修筑一条自越南边境至云南昆明的铁路，中方唯有供给铁路用地的义务。后因爆发义和团运动，有关滇越铁路权的谈判中止。1903年10月，谈判恢复，中法正式签订《滇越铁路章程》34条。合同签订后，法立即派员详测路线，并绘军用地图，同时令越南银行和印度支那银行合组滇越铁路公司，并命驻滇法领事方苏雅（Auguste François）协办铁道事务，招集工程师加工赶造。法国大资本家韦大利伯爵还亲赴云南，动员地方当局竭力赞助。为招募筑路工人，法国以促使中国履行条约义务为由，迫使云南、贵州和广西地方当局，札饬府、厅、州、县，令"年力强壮"者分向"地方官衙呈报"充役。铁路经过的有些府县在法国的压力下，甚至规定18岁以上者，一概充铁路苦工一年，不愿去者，则缚手于背，以枪队押送。除强迫滇、黔、桂地方当局硬派当地壮丁当筑路工外，法国还通过其他种种手段，到广东、福建、浙江、山东、四川以及河北等地，诱民众前往工地从事奴隶式的劳动。在法国殖民主义者手枪、棍棒的肆虐下，筑路工人常常被虐待至死。据报刊、关册等零星记载，1903年从北海区来的2000名路工，到工地后两个月大部分都已死亡。南溪河一带筑铁路的苦力，在1904年死者约有5000人，占筑路工人总数的70％。1905年，从天津来的5000名苦力中，估计有3000人死亡，死亡率达60％。在修筑滇越铁路工程期间，就流传着"一根枕木一条命"的说法。滇越铁路最终于宣统二年（1910）修筑完成。该路全长共1700余里，其中位于中国境内者940余里，建筑费1.65亿法郎，其中7600万法郎为法国政府担保所借，6358万法郎为法越政府补助金，其余2542万法郎为该路法国铁路公司投资，中方只有铁路用地作股200万两。滇越铁路筑成后，成为法国经营西南的一根支柱。沿着这条铁路线，法国侵略者派驻军队，广殖田土，修建房屋，发行纸票，储藏军械，输售私盐，视云南为它的殖民地。

1898年5月，法国出兵占领广州湾后，又强迫清政府授予赤坎至安铺的铁路修筑权，1899年中法《广州湾租界条约》第七款规定，中国允准法国自雷州府属广州湾地方赤坎至安铺之处修造铁路，并备所用地段由法国官员给价购买，而有关修造行车需用各项材料及养修电路各费，均归法国办理，至于铁路、旱电线不在租界者，中国官员应有防护之责，另铁路、电线所到之处，水面岸上均准建造房屋，停放物料。就在法国出兵占领广州湾的同时，法国公使毕盛（Pichon）又从清政府那里获得承办广西南部铁道的预约，约定将来自北海起，至南宁或别处营造铁路，自应届时察看情形，商会中法公司承办。这样，法国便将滇、桂、粤三省的路权紧紧地抓在自己的手里。

占夺矿权，也是法国经营西南的一个重要内容。继1895年6月20日中法《续议商务专条附章》规定"中国将来在云南、广西、广东开矿时，先向法国厂商或矿师人员商办"之后，1897年6月18日法方在与总理衙门互换照会中，关于云南、两广矿务明确规定"延用法国矿师厂商商办"，进一步攫取了西南三省的开矿权。在此前后，法国接连派员勘探西南矿藏。先是法里昂中国调查会派员游历云南，调查矿务物产。后派大矿学家勒格里带领学生二人游历云南，绕道四川而归，著《云南矿产考》；同时派大工程师古德尔漫游云南，遍历迤东迤南，转向迤西，假道西藏而归，著《云南旅行记》。1897年复派越南商务副大臣白罗宜带领巨商白兰游历云南，贿赂洋务局总办兴禄及矿务督办唐炯，要求采矿权。1899年5月，法方与四川矿务局订立《四川矿务章程》，由华、法商民集股1000万两，成立福安公司，股本华洋各占五成，取得灌县、犍为、威远、綦江、合州、巴县等处煤、铁等矿和天全、懋功两处五金矿产的开采权。

法国经营西南的另一重大行动是强租广州湾。1898年3月，在德、俄两国分别强租胶州湾和旅大以后，法国外长阿诺托训令驻华代办吕班向中方提供四条"补偿"要求，其中一条要求准许法国在中国南部海岸建立煤栈。4月，清政府允以援用"胶州先例"解决，答应将广州湾租与法国，租借地范围待查勘后再定。6月11日，也即中英《展拓香港界址专条》签订后的第三天，法国外长阿诺托即训令法国公使毕盛，要求必须在广州湾取得与英国"同样多的领土"。还未等两国官员会勘，法国就擅自派军舰驶进广州湾，强行登陆，占据炮台，制造事端，扩大租借地的范围。1898年11月16日，中法双方正式签订《广州湾租界条约》，规定广州湾租与法国，为期99年，租借期内广州湾全归法国一国管辖。法国可以制定章程，向人民发布命令，征收进口船舶的入港费；且有权在租借地内驻扎军队，修筑炮台及各种军事设施。这样，广州湾就成了法国在华南扩张势力的一个重要基地。

除采取上述一系列行动外，法国还以赤裸裸的方式，用武力要挟清政府公开宣布，确认西南地区为法国的势力范围。1897年初中英签订《续议滇缅条约附款》和《西江通商专条》，法国以上述条约和专条损害了法国在西南地区的利益，表示强烈不满。条约订立前，施阿兰竭力反对开放西江通商等条款，并向清政府要求"与英一体利益"。条约订立后，施阿兰则立即大肆勒索，要挟清政府给予"补偿"，除索取筑路、开矿等方面新的特权外，又提出海南岛及粤海岸"不可允许他国屯煤"的要求，将西南地区作为法国特殊利益范围。当时，法国的盟友俄国也积极支持法国这一要求，向清政府"强争"。慑于压力，清政府被迫接受了法方的要求，1897年3月15日总理衙门照会法国使馆，正式承认不把海南岛让与其他国家。1898年4月，法使再次胁迫清政府发布照会同意不割让两广和云南。法国的这一做法，诚若施阿兰本人所说："这是那些指望在这一时期确定其势力范围的大国迫使中国政府发表的第一个不割让声明。"而所谓对某一国家宣布不把中国的某一地区割让给别国，换言之，也就是承认该地区为这一国家的势力范围。法国在这方面又开创了一个恶劣的先例。从此之后，英、德、俄、日争相效尤，掀起一场瓜分中国的狂潮。

掠夺利权

19世纪末，随着资本主义进入帝国主义阶段，世界上几个主要的资本主义国家都加强了对中国的经济侵略，尤其是对中国的资本输出。法国作为一个高利贷的资本主义国家，在掠夺中国利权方面也不甘示弱。

甲午中日战争后，西方列强看出清政府国库空虚，为偿付2亿两的赔款、3000万两的赎辽费和支付每年

50万两的日军驻威海卫的给养费,只有举借外债,由此列强间展开了一场掠取借款权的斗争。5月9日,在交换马关条约批准书的第二天,法国外长阿诺托即致电法驻华公使施阿兰,告诉他有关俄、德方面已在北京与中国政府商谈借款问题的情况,要他通知中方,法国希望在中国对欧洲的借款中负担重要部分。与此同时,阿诺托又向俄国表示,只要俄国在西南中法交涉中支持法方,法国将在对华借款中放弃独立行动,法国银行家将与俄国合作,听从俄国的安排。对此,俄国政府满口应承,保证在远东问题上"均与法国合作"。5月底,俄国财长维特(Witte)派他的心腹、圣彼得堡国际银行行长罗启泰到巴黎活动,得到当时由霍廷盖兄弟银行、巴黎荷兰银行、里昂信贷银行、国立贴现银行、法国通用银行、法国工商信托银行等组织起来的一个法国辛迪加的支持。6月10日,俄国与法国银行家拟好借款方案。7月6日,中国驻俄国公使许景澄在圣彼得堡与俄法银团代表签订《四厘借款合同》。合同规定,此次借款金额为4亿法郎,6家法国银行承担2.5亿法郎,4家俄国银行承担1.5亿法郎,年息四厘,折扣九四又八分之一,36年还清,以中国海关收入作保,该合同签订后6个月内,不得向他国借款。

在取得甲午战争后对清政府的第一笔大贷款权后,法国继续与俄国合作,支持俄国在华设立银行,从事在中国的经济扩张活动。借款合同签订后第二天,俄国财长维特和外交大臣罗拔诺夫(Labanov)即向三个法国银行家代表提出成立俄法合资银行的建议。该建议立即得到法国政府的积极响应。法国驻华公使施阿兰在给法国外交部的报告中指出，俄国在远东的贸易十分有限，其工业远不能适应中国市场的要求，法国是第一等金融大国，通过与俄国合作设立银行，正可使俄国成为法国的债务国，并且法国侨民也确信在即将成立的银行中，法国必能起领导作用。在法国政府的支持下，法国银行家代表与俄国政府于10月上旬达成协议，俄法合办的银行命名为华俄道胜银行，总行设在圣彼得堡，资金为600万卢布，分成4.8万股，法国银行承担2.8万股，其余由俄国银行承担。

但法国政府试图通过华俄道胜银行来扩大它在中国利权的目的并没有达到。华俄道胜银行名义上虽是俄法合资的信贷机构，以私人资本为主，法国股份占优势，但实则被俄国政府所控制，银行的方针和重大活动均由俄国财政部擘画。银行成立伊始，在银行董事会中，俄国占了6席，且包括正、副董事长，法仅占3席。1898年，俄、法各增加一名董事，扩大为11人，但维特又通过银行股东会议对银行章程作一补充，规定全体董事人选均须经财政大臣批准，银行的人事大权由此完全操在维特手中。此外，为加强对银行的控制，俄国政府还不顾财政困难，竭力直接向银行投资。1897年，俄国财政部收购法股6000份。1898年6月，维特批准发行第二次股票1.2万份，由国库全部买下。在这种情况下，法国政府决定单独在中国设立自己的银行。1897年11月，在外长阿诺托的倡议下，法国财政部长同意责成东方汇里银行在上海设立分行。同时，为避免与华俄道胜银行的冲突，法方还与俄方达成协议，东方汇理银行的活动范围主要限于南方城市，华俄道胜银行主要限于北方，除在汉口设有分行外，东方汇理银行和华俄道胜银行在一些重大项目上将相互支持。

东方汇理银行为法国政府特许设立的海外殖民地银行，1875年由法国社会实业银行、巴黎商业银行和巴黎荷兰银行等组成，总行设在巴黎，1898年又在西贡设立远东总行。对于在中国设立分行的前途，东方汇理的银行家们起初信心不足，抱有疑虑，后在法国殖民部的命令下，于1899年正式在上海设立分行。东方汇理银行在上海设分行后，很快在中国打开局面，陆续在昆明、广州、天津、汉口、北京、湛江等地设立分支机构。资本初为800万法郎，1900年增至2400万法郎。其在华活动包括：发行纸币，吸收存款，大力支持法国人在华经营的工矿、公用事业；以云南的分行为中心，操纵云南省各地的贸易和金融。它与华俄道胜银行联合，争夺对清政府的贷款权，后又代表法国势力参加帝国主义对华贷款的银行团，并勾结北洋政府，成立中法合办的中法实业银行，窃得纸币发行权和其他特殊利益，成为法国政府加强对华经济侵略的主要工具。该行发行的各种面额纸币（亦称"贡币"），在我国云南和广州等处曾大量流通。1949年新中国成立后，东方汇理银行在中国的各分行才相继停业。

法国自19世纪末之后在中国的另一重要经济活动则要数铁路投资。当时，投资铁路不但是帝国主义对华输出资本的一个重要内容，而且是帝国主义巩固和扩大在华势力范围的一项重要手段。因此，当1895年清政府"决心实力"修筑铁路的上谕颁布后，英、俄、法、德、美、比等国为掠夺中国路权彼此展开了激烈的斗争。在这场铁路建筑权的斗争中，法国除上节所说取得在西南三省的铁路修筑权外，还在这一地区之外的铁路上投资。这些铁路是：

（1）京汉铁路。该路北起卢沟桥，南至汉口，为清政府于甲午中日战争后准备修筑的第一条铁路。清政府原来打算该路实行"官督商办"，由各省富商集股修建，但后因华商"各怀观望"，无人问津，不得已只好举借外债。1896年10月，清政府任命盛宣怀为铁路总公司督办，统筹卢汉铁路的修建。借款筑路的消息传出后，美、英、法、比等国的公司派代表蜂拥来华，竞相兜揽。当时清廷的实权人物张之洞和李鸿章主张向比利时借款，以为比为一小国，便于打交道。而比利时却私下与法国金融家成立合股公司承办。1897年5月27日，法比银团与清政府草签《卢汉铁路借款合同》17条。7月27日，再与清政府签订《卢汉铁路借款续增合同》6条。但不久德国强占胶州湾事件发生后，法比银团便借口时局变迁，要求更改前议。铁路总公司督办盛宣怀则主张乘法比银团毁约，改为向美国借款。对此，法国便直接出面干涉，并联合俄国向清政府施压。法驻华公使施阿兰直言不讳地宣称"比款系法银行代办,法国应当干预",明确表示"法不愿别国承办"卢汉铁路。沙俄代办巴布罗福(А. И. Павлов)也出来干涉,严词质问总理衙门:"比公司承办铁路,何以日久未定?"催促清政府"速与定议,勿再耽延"。在法、俄两国的压力下,1898年6月26日清政府与法比银团签订《借款续订详细合同》29条和《行车合同》10条。规定借款总额为比金11250万法郎,年利5厘,折扣为9折,以全路财产和进款为担保;借款期内,铁路由比公司经营管理,债票的售卖、收存,借款的储存、支付,概由法俄合办的华俄道胜银行办理;中比双方在铁路事务上遇有争执,而总理衙门大臣与比利时公使又未能商断,则"另请第三位公正人评断"。这里所说的"第三位公正人"即是法国政府。法比银团原来要求明确写出由"法使决断",后经过反复争论,才改为上述措词,但含义不变。这样,法国公使在卢汉铁路问题上俨然成了凌驾于总理衙门之上的最后仲裁者。法公使施阿兰为此踌躇满志,他在回忆录中得意地写道:"法国同它的盟国俄国、它的伙伴比利时一起,在中国铁路问题上取得了真正突出的地位。这个首次决定性战役是以我们无可争辩的胜利而告结束的。"

(2) 汴洛铁路。此路东起开封,西至洛阳,长210公里,接京汉干线,原为京汉路给养线。法、比两国在揽办卢汉铁路时即属意于此。在法、比的一再要求和催促下,1903年11月清政府令铁路总公司督办盛宣怀与比国铁路电车合资公司(该公司也为法比合办,而法人在其中实占优势）董事法人卢法尔订立借款合同28条及行车合同10款，规定借款额为法金2500万法郎，年利5厘，9折，借款年限为30年，以本路财产及进款为担保品；借款期内，举凡铁路工程的修筑及行车管理均由比国公司负责，并规定由比国公司代办购料，每年分余利二成；如由河南筑路展至西安府应先与比公司商办。1907年初，又以原款不克敷用，邮传部奏准向比国铁路电车合资公司续借1600万法郎，至1909年初全路建成。

（3）正太铁路。该路于1896年由山西巡抚胡聘之奏请兴办，以便利用晋省煤铁，并商请华俄道胜银行派遣法人费浮勒勘测路线。1897年5月，山西巡抚奏明测勘情形，并与华俄道胜银行商订借款合同，7月8日得到朝廷允准。1898年5月21日，山西巡抚令山西商务局与华俄道胜银行代表璞科第（Pokotilov）在总理衙门签订正约，计借款2500万法郎，东起柳林堡，西迄太原（故此路原名柳太铁路）。后因义和团运动爆发，该路合同未及履行。1903年10月，在华俄道胜银行的要求下，由督办铁路总公司大臣盛宣怀与银行总办法国人佛威郎重行商定，将原路改为正定府—石家庄—太原府，借款额亦改为法金4000万法郎，作为卢汉支线，依照卢汉章程，订立详细合同28款，行车合同10款。该路于1907年8月竣工，全长486里。此路借款名义上为俄资，实则也为法款，还在1904年俄国即已正式宣布将债权让与法国公司。

法国除投资上述铁路外，1911年又参与湖广铁路借款；1913年再与中国政府订立陇海铁路借款合同，借款为法金4100万法郎；另取得同成路（山西大同至四川成都）和钦渝路（自广东钦县至四川重庆）两路的修建权。据统计，与法国有关的铁路，包括龙州和滇越铁路，共达9000里，投资额为27857万法郎，仅折扣一项，法国即可净得4480万法郎以上。

3 镇压义和团运动

义和团运动是19、20世纪之交爆发的一场以农民为主体的中国人民自发的反帝爱国运动。义和团最初源自义和拳、梅花拳和大刀会等民间秘密组织，到19世纪末，它们在反对外来侵略的基础上，逐渐汇成一支反帝爱国的洪流。对于中国人民的反帝斗争，帝国主义列强为维护他们在华的特权和利益，1900年英、俄、日、德、法、美、奥、意组成八国联军，发动对华侵略战争，镇压义和团运动。

法国作为八国联军的一员，它在参与镇压义和团过程中，在不同阶段扮演了不同的角色。根据法国在其中扮演的角色，大致可分为三个阶段：1900年5月底列强决定联合出兵之前为第一阶段；1900年6月至10月八国联军侵入北京为第二阶段；1900年10月至1901年《辛丑条约》签订为第三阶段。

在第一阶段，由于义和团运动将反帝矛头主要指向天主教会，法国积极唆使各列强联合出兵镇压义和团运动，在各列强中扮演了主要角色。1900年1月23

日，法国驻华公使毕盛率先联络美、德、英三国公使召开会议，于27日向总理衙门提出联合照会，要求清政府采取切实措施，取缔民间秘密结社，镇压义和团反帝爱国活动。此后，又进一步要求清政府必须在官方公报上发表取缔义和团和大刀会的上谕。当这一建议被总理衙门拒绝后，法国公使与英、德、美、意四国公使再次举行会议，议定一旦中国政府拒绝要求，他们便各自建议本国政府对中国进行联合海军示威。法国外长戴尔卡赛（Delcassé）在刚接到建议时，表示倾向于赞成采取行动。3月12日，他对英国驻法大使说，五国驻华代表要求海军示威的建议不可避免。但两天后，法国驻英公使发回报告，告知英国政府对海军示威持谨慎态度，宁愿等待事态发展。法国外长戴尔卡赛随之修正自己的立场，表示目前不宜采取示威行动，电告驻华代表提供更多情报，静观待变。

到了5月，随着义和团反帝怒火越烧越旺，清政府内的排外势力也渐占上风，法国再次出面叫嚣进行武装干涉。5月17日，法国公使毕盛向各国驻华公使们报告，义和团在离北京90英里保定府附近的某处，破坏了3个村庄，杀死61名天主教徒。19日，法国天主教驻京总主教樊国梁（Alphonse Favier）又致信毕盛，极力渲染恐怖气氛。在这封信中，樊国梁叫嚷：局势已变得日益严重危险；北京四周已受包围，拳众日渐逼近京城。宗教迫害只不过是一个掩饰，义和团的主要目的是要消灭欧洲人，这种目的已经清楚地写在他们的旗帜上，我们已处于和1870年天津惨案前夕同样的险境,请至少派遣四五十名水兵前来北堂(即北京西什库教堂),保护我们的生命和财产。毕盛收到樊国梁的信后,又将它转交时任列强驻华公使首席代表的西班牙公使葛络干(B. J. Cologan)在各公使中传阅。由于樊国梁在中国"传教"已有近30年的历史,交游甚广,信息灵通,他的这封信对列强动议武装干涉产生了相当大的影响。

5月20日下午,在毕盛的请求下,葛络干召集英、美、俄、法、德、意、奥、西、葡、比、日11国使节举行公使团会议。在会上,毕盛吁请各国公使高度重视樊国梁对形势的估计和判断,建议共同调兵到北京,"保护使馆和教堂"。他表示完全不能相信总理衙门所要采取措施的真实性,声称"对前途的危险无论怎样估计也不过分"。当英国公使带头提出反对马上调动军队的意见后,法国公使虽不好再坚持原议,但又立即提出一份联合照会的草稿。照会的内容共6条:①凡参与拳会操练,或在街头制造骚乱,或继续张贴、印刷或散发威胁外国人的揭帖者,均予逮捕。②义和拳集合的庙宇或场所的所有人和监护人,均予逮捕;凡与义和拳共同策划犯罪活动者,均作义和拳论处。③凡负有镇压责任的官员,犯有玩忽职守或纵容暴徒之罪行者,均予惩罚。④凡企图杀人放火、谋财害命之首恶,均予处决。⑤凡在目前骚乱中帮助及指点义和拳者,均予处决。⑥在北京、直隶及北方其他各省公布这些措施,以便人人知晓。经过一番讨论,会议通过了毕盛起草的照会内容。5月21日晨,由葛络干代表公使团将照会交给总理衙门,限清政府于5天内作出答复。

在限期的最后一天,也即5月25日,总理衙门对联合照会作出答复,表示愿意接受照会的内容。但各国公使仍不满意,认为总理衙门的答复"含糊其辞"。5月26日晚,葛络干再次召开公使团会议,商量对策。在会上,法国公使毕盛又抢先发言,用激烈的词句表示他对总理衙门答复不满的意见,接着列举他所得到的各种情报,断言在北京将发生一场危及所有欧洲人的严重暴动,强烈呼吁各国公使共同调动足够数量的使馆卫队入京,以防止发生暴动的可能性。由于各国公使对形势的估计不一,会议最后决定,先由首席公使写一个照会给总理衙门,要求具体说明清政府准备采取哪些有效措施镇压义和团,然后由俄国公使格尔思(M. H. FHPC)和英国公使窦纳乐(C. M. MacDonald)于次日会见庆亲王,具体说明公使团的看法,若再不能得到满意的复文,便立即调遣使馆卫队,不再拖延。

5月28日晚,当各国公使作出调使馆卫队进京的决定后,法国又积极出面向清政府施压。次日,法国驻天津总领事杜士兰(M. Du Chaylard)代表各国领事致函直隶总督裕禄,通告英、法、德、俄、美、意、日驻京公使鉴于目前形势,已共同议定各调兵丁百名登岸赴北京。为此,各领事要求其速饬所属,协助兵丁登岸并备火车运送赴京。30日,就在法国公使与英、俄、美三国公使作为代表团赴总理衙门勒令必须当晚把答应他们调兵进京的决定通知裕禄的同一天,法国驻天津总领事杜士兰又亲自跑到直隶总督衙门胁迫裕禄，声言："此事系各国公使主意已定，万无改移，各国兵员今日均已到津，无论总署准否，定准明日赴都"，"若火车不载，亦自行起早前往"。

在帝国主义的淫威之下，西太后最后屈膝退让。总理衙门受命于31日黎明前致函英、俄、美、法四国公使，同意各国调军队以30名为限进京。同日下午7时左右，由英、美、意、日、法、俄组成的第一批"使馆卫队"共356名，由天津乘火车气势汹汹地冲入北京，其中，法国有军官3名，兵72名。至此，法国实现了联合各国出兵的意图。

在第二阶段，也即在6～10月联军对华军事侵略阶段，法国不再是主角，但每一军事行动，法国几乎都参加了。在6月10～26日西摩尔联军的进京行动中，法军的人数为158人，占总数的8%，在八国联军中死亡人数最少，仅1人，伤10人。6月17日，法国军舰"里昂"号参加对大沽炮台的进攻，法军死1人，伤46人。到6月底，在天津登陆的法军计军官17人，兵丁387人。在7月13～14日攻占天津城行动中，法人费尔德马内（Feldmann）率联军4500人为右路统带，内计有日军2400人、法军800人、英军700人、美军600人。另外，法国炮兵一队与德日两中队共3000人归俄军官统带，以为救援。在这次军事行动中，联军死伤900余人，其中法军死伤118人。占领天津后，法国又积极参与对天津的殖民统治。在7月30日成立的"天津都统衙门"（天津殖民机构）中，法国人德博施（Depasse）医师主管卫生部，100名法国人参加由700名外国人组成的巡捕队。1900年11月，法国阿拉伯西（Arlabosse）上校受本国司令官委派，加入天津都统衙门权力核心，为都统衙门委员会委员。与此同时，法国还乘机抢占租界。11月20日，法国驻天津总领事杜士兰擅自发布关于扩展法国租界的通告，将海河大道（今大沽路）至墙子河（今南京路）之间的大量土地划为"扩充界"，计占地2000亩。扩充后的天津法租界东北沿海河，南沿宝士徒道（今营口道）与英租界为邻，西迄墙子河（今南京路），北沿秋山街（今锦州道）与日租界接壤，总面积达2360亩。此外，法国驻天津总领事杜士兰还与日本驻津领事郑永昌（Eisho Tei）私相授受，将法国非法侵占的今锦州道与沈阳道之间的一片面积约89亩的沼泽地让与日本。从此，锦州道成了法日两国租界的分界线。

联军占领天津后，各列强为夺取侵华优势，继续向中国增兵。截至7月18日，集结天津的联军总数为三万数千人，其中法军2600人（步兵3个大队，炮兵3个中队）。7月24日，法军少将福里（Frey）抵达大沽，任法国远征军总指挥职务。8月4日，联军约2万人，配属大炮80门，进犯北京。法军1000人参加此次行动。7日，联军在占领杨村后举行会议，决定法军暂留杨村，以资保护，由俄、日、英、美各军继续向北京进发。但法军福里少将总以不能随联军同往北京为憾，在联军开拔的第二天（9日），他即与德、奥、意各军商量，成立支队，由其统带，离开杨村，也向北京进发，并很快赶上了英、美、俄各军，于12日晨抵通州，仅后于日军。14日晚间得悉联军攻入北京的消息后，福里率领的支队又急忙从通州赶往北京，于当晚12时进抵使馆区。16日，在联军占领紫禁城的同一天，法将福里和驻华公使毕盛带领步兵1个大队，山炮兵2个中队，野炮兵1个中队，俄兵1个大队及轻骑兵1个小队，英兵1个大队，奥意海军小分队，总计约1750人，从使馆区前往樊国梁所在的北堂（即西什库教堂）解围。6时30分，福里向联军下达作战方案，10时30分联军部队进入北堂，解除义和团对北堂的历时2个月的围困。北堂之战是法国在北京参加的最重要的战斗，也是北京城内义和团与八国联军之间的规模最大的一次战斗。

占领北京后，特别是在瓦德西（A. L. Waldersee）及大批德军抵华后，联军在瓦德西的协调和指挥下，继续扩大侵略，在直隶地区大肆进行报复活动。其中，法国参加的最重要的一次行动是对保定的军事侵略。9月底，瓦德西提出南侵保定的计划后，法国即积极响应，尽管俄、日、美等国表示反对。法国这次之所以不与它的盟国俄国站在一边，反与宿敌德国合作，视进攻保定为"最紧要之举"，一是报复保定地区的义和团，但更重要的是法国投资的卢汉铁路正修至保定一带，因义和团运动而被迫停工，法国担心这项"大宗利益"出现变故，落到他国手里。因此，在德、法、英、意四国联军进犯保定的前9天，也即10月3日，法国便委派杜以德中校率领由1个中队骑兵和1个小队炮兵组成的侵略先遣队从天津抢先出发。10月12日，法国又派出3100名士兵参加南侵保定的军事行动。其中天津一路的联军由法人白劳德（Bailloud）少将统带，共4000人，内有法军1500人、德意军1000人、英军1500人；北京一路联军由英国侵华军司令官盖斯理（Gaselee）率领，共5000余人，内有英军1500人、德军2000人、法军1600人、意军400人。11月初，英、意两军先后撤回京津，而法军和德军继续留在保定，并成立"权理保阳司"，对保定人民实行军事殖民统治，直到1901年6～7月份，德、法军才相继撤离保定。

第三阶段，也即1900年10月停战议和谈判开始后，法国的态度基本上与俄国一致，并在促成议和谈判上起了协调作用。10月4日，法国政府在俄国提出的有关议和谈判条件的初步意见的基础上，最后形成6点谈判基础，向有关各国提出，表示各国派遣军队到中国的首要目的已达到，现在要办的事情是从中国政府那里取得对事件的赔偿和对今后的确实保证。法国提出的谈判基础的内容是：①惩办由各国驻北京使节指定的主要罪犯。②继续禁止军火进口。③对各国政府、团体及个人的损失作出公正的赔偿。④在北京建立一支永久性的使馆卫队。⑤拆毁大沽炮台。⑥对北京至大沽途中的两三处地点实行军事占领，以便万一在各国使馆希望到达沿海或各国部队试图自沿海前往首都的时候，道路能够因此始终保持畅通。

由于法国提出的6点谈判基础反映了各国的共同

利益，故而原则上被各国接受，作为进一步谈判的出发点。10月17日，法国又根据各国的补充意见，提出一个新的备忘录，极力协调列强态度，建议将和谈的条件通知中国全权大臣。法国在新的备忘录中指出，各国的意见可以在谈判中讨论，但这不致妨碍谈判的进展；现在首要的事情是向中国政府表明，各国愿意与他们开始和平谈判，但同时依然决心要获得他们有权得到的赔偿。10月26日起，出兵中国的八国代表，加上使馆受到攻击的西班牙、荷兰、比利时三国代表，就法国提出的谈判基础，最后于同年底拟定12条议和大纲，照会清政府。

在接着进行的商讨和约各条款的具体细节中，法国的立场也与俄国一致，主张从中国勒索尽可能多的赔款。最后，在1901年9月7日签订的《辛丑条约》规定的4.5亿两赔款中，法国得70878240两，占总数的15.75%，仅次于俄、德，居于第三位。

4 干预辛亥革命

1911年爆发的辛亥革命是中国资产阶级领导和发动的一场推翻清王朝统治的革命。对于中国国内发生的这场资产阶级革命，代表资产阶级利益的法国政府不但不予以支持，反而持反对态度，极力使这场革命不至于触动或损害其在华利益和特权。

武昌起义爆发后不久，四国银行团驻北京的法国代表贾思纳（Casenave）即表示，"从这场革命中，我们决得不到任何好处",说什么中国目前采用共和制的条件还不成熟,如果建立共和,只能导致无政府状态;继续保持清封建王朝乃是最好的可能解决方法。他认为挽救清封建王朝的最好办法是起用袁世凯。1911年10月25日,法国外交部在致英国驻法使馆的照会中也表达了同一意思。

除主张起用袁世凯外,法国政府还主张借款给清朝政府。10月18日,法国驻华代办皮科在给法国外交部的报告中建议,在取得清政府的担保和对资金的控制情况下向清政府提供贷款。次日,当英国驻法使馆就清政府要求借款问题向法国征求意见时,法国外交部即按照驻华代办皮科的电报,坚决表示同意借款,并提出两项借款条件:一是对款项的使用实行监督办法;二是不得以任何方式与币制改革借款发生联系。

11月21日,当中国民主主义革命先行者孙中山自英国抵达巴黎,寻求法国政府对中国革命的支持时,法国政府则采取了回避的态度。在孙中山停留巴黎的几天中,尽管法国政界、财界和新闻界一些人以个人身份会见了孙中山,但法国外交部长和其他政府官员却始终拒绝会见。11月23日,孙中山在同法国东方汇理银行经理西蒙(Simon)的会谈中提出希望东方汇理银行立即或者在最短时期内向革命临时政府提供贷款的要求,而西蒙则以四国银行团和它们的政府遵守所谓的"严格的中立"作为借口,断然予以拒绝。至于孙中山提出的希望改变现有借款的担保品,即将成立的革命政府要求"收回海关的征税权及控制权"的问题,西蒙坚决反对,声言这是"绝对不可能的",坚持对已有的对华借款条件"不得作任何修改"。对于孙中山提出的希望法国对革命政府给予外交上的支持问题,西蒙却反问孙中山共和制是否能为各省共同接受,各省之间的分歧是否会导致整个帝国的分崩离析。11月24日,在孙中山离开法国的同一天,孙中山的代表胡秉柯访问法国外交部,询问法政府对即将成立的共和政府是否有承认的打算。接待胡秉柯的外交部官员布瓦梭纳对此也不作正面答复,只是要求革命方面对"法国人的安全"负起责任。

与此同时,鉴于中国革命形势的迅猛发展,要想原封不动地维护清封建王朝的统治已不可能,法国又和其他列强一道促使南方革命政府与清政府举行"南北议和",试图通过促使革命派接受君主立宪制来保住清王朝。自11月中旬起,法国驻华代办和各国驻华公使就改体问题分别同袁世凯举行秘密会谈,表示支持实行君主立宪制。12月7日,当北方的议和代表唐绍仪由汉口起程前往上海之际,英驻汉口总领事葛福(Herbert Goffe)向唐表示,"作为调停方案,拟向双方建议在一定时期采取君主立宪制"。为配合英国的行动,12月8日法国政府训令法驻上海总领事拉巴蒂(Dejean de la Bâtie)通知南方的议和代表伍廷芳说:"为了中国的利益,应该使谈判尽早成功,何况民族感情始终胜过反对王朝的感情",企图迫使革命党人接受君主立宪制。12月15日,在法驻华代办皮科和美、德驻华公使的倡议下,各国公使举行秘密紧急会议,讨论议和开始时应该采取"支持袁世凯的行动计划",会议决定由英、美、法、德、日、俄六国共同出面,在取得各自国政府同意后,向南北议和双方致送一份同文照会。这份照会的内容即由法驻华代办皮科和俄国驻华代办谢金共同起草。当天,皮科在向法国外交部所作的报告中解释说,袁世凯"是能使中国避免出现一个混乱时期的惟一力量",北京外交团这样做"是预定支持袁世凯的",并坚决要求法国政府批准这个干涉措施。12月20日,六国驻沪总领事受命向议和双方代表致送了这份同文照会,并威胁说:"有必要尽速达成协议,使目前的冲突归于停止。"

为了贯彻君主立宪制的主张,皮科还极力赞成由四国银行团向袁世凯提供一笔贷款,以向南方革命政府施压。他呼吁,在议和双方决定采取君主立宪制还是共和制的时候,必须借款给袁世凯。12月8日,法国外交部训令东方汇理银行同其他国家的财团合作,具体执行借款给袁世凯的任务。当时英国政府害怕激怒南方革命党人而损害自身利益,提出贷款给袁世凯应取得南方革命党人同意的建议,而法国政府对贷款的态度比英国坚决得多,它主张列强这时应采取"一致行动"原则,认为只要革命党人看到列强借款给袁世凯是协调一致的,他们就不敢反对,就"将避免伤害欧洲人,以免遭到既迅速而又会使他们的希望破灭的惩罚"。法国政府的意见是,只需将贷款及其原因通知革命党人,而没有必要把取得他们的同意作为贷款给袁世凯的条件。

1912年1月1日孙中山在南京宣布就任中华民国临时大总统后,法国政府仍站在袁世凯一边,对孙中山领导的南京临时政府持不承认态度。1月11日,孙中山致电法国政府,通知任命已在法国的张翼枢为临时政府驻法全权代表。同日,外交总长王宠惠也致电法国外交部,通知临时政府的成立,并要求给予承认。而法国外交部在1月13日就孙中山和王宠惠的电报所拟的一份报告中却把孙中山建立的临时政府称为"貌似共和的团体",认为对孙中山应该不予理睬,公然表示中华帝国是"中国惟一正式的政府",法国政府只和北京政府具有关系,当然不理睬这个刚在南京临时执政的人。对于张翼枢的外交职务,法国政府更是根本不予承认。17日,张翼枢以私人身份访问法国外交部时,接见的法国官员无礼地告诉他,法国政府只承认中华帝国政府,既不能正式也不能非正式同他保持任何关系。20日,法国外交部长普恩加莱(Raymond Poincaré)还致电法驻外大使,命令他们把法国拒绝承认南京临时政府的决定通知其他列强,要求其他列强同法国采取一致行动。

在拒不承认南京临时政府的同时,法国政府极力支持袁世凯出面建立"新秩序"。法国驻华公使马士理(Jaequin de Margerie)明确表示,如果今后中国需要由一个强有力的人建立一个新政府取代清廷的话,"袁世凯比任何其他人更有资格来完成这个任务"。他认为清王朝和孙中山的南京临时政府都应取消,而由袁世凯来领导一个统一全国的"新政府"。因此,在1月14

日当马士理知道清帝决定退位的消息时,他立即赶去拜访袁世凯,同袁共同策划在清帝退位时授权袁世凯来组织临时政府。对于孙中山揭露袁世凯有独揽大权的个人野心,法国则极力为袁辩解。1月27日,就在孙中山致电各国驻华公使揭露袁世凯的同一天,法国外长普恩加莱向驻外大使发出关于中国问题的训令,诬称孙中山不信任袁世凯是受了日本的潜在影响,并把炸袁事件栽到孙中山头上,同时吹捧袁世凯是唯一可以统治中国的人物。2月4日,普恩加莱又向驻外大使发出训令,向列强提出一个关于中国问题的"共同纲领",建议列强共同支持由袁世凯来执掌中国政权,如果突然发生严重事件,从而使争夺中国政权的党派之间已经没有取得协议的任何希望时,那么各国将共同进行干涉,以此压迫孙中山和革命党人将政权移交到袁世凯手中。

2月12日,清帝下诏宣布逊位。法国对袁世凯终于出面主持全国政务极为欣喜,当日即向法驻外大使发出训令,要求他们和列强政府讨论未来对袁世凯的贷款,以便"用以恢复秩序"。为了实现对袁世凯的善后贷款,法国政府积极动员俄、日两国加入国际银行团,并主张先垫支一部分款项给袁世凯。1912年2月27日,法外长普恩加莱通知有关驻外大使说:"用垫款以支持袁世凯政府的时机已经到来。"自这时起,国际银行团开始陆续交付垫款给袁世凯,给予财政支持。为动员俄国尽快加入银行团,3月8日普恩加莱训令法国驻俄代办维厄盖向俄国解释:参加银行团不仅不会削弱俄国和日本的地位,而且还能使它们在完全平等的条件下分享所获得的一切利益,一方面是俄、法同盟,另一方面是日、英同盟,加上把四大国联合在一起的友谊,为它们保证了一个大多数,这就使它们在赞成或反对计划中的活动时,能使别国听从它们的意见。3月31日,法国政府又按照俄国的要求,就俄国参加银行团贷款做出以下"严肃保证":①关于中国军队的改组,其目的在于维持国内秩序,而不是帮助中国建立一支威胁法国或俄国利益的军队。②由于对华善后大借款的计划具有政治上的重要性,不让银行团代表专门负责谈判,而由在中国拥有重大利益的列强政府参加确定其条件。③保证尊重俄国在满洲、蒙古和新疆的权利和地位。4月6日,俄国宣布加入对华善后大借款,同时再次提出善后大借款的条款不应包括任何其性质有损害俄国在北满、蒙古和西部中国的特殊利益的内容。法国政府又再次承认俄国这种严重侵犯中国北部地区主权的要求,并训令驻外大使,"必须尽早地确保其他各国政府接受俄国政府的保留条件"。在法国的积极撮合下,俄、日两国于6月18日正式加入国际银行团。1913年3月,当美国退出银行团的事情发生后,法国政府为避免国际银行团遭到瓦解,又出面积极主张赶快同袁世凯政府签订借款合同,对于俄国提出的承认西部蒙古地区在俄国保护下实行独立的条件不但不反对,而且认为"银行团的政策也可以希望采用这种办法逼迫中国接受列强的财政条件"。为使善后大借款早日落实,法国驻华公使康悌(Conty)

还与其他列强驻华公使确定，不必交由中国议会讨论通过，只要由中国政府发表正式声明，借款合同即可签订。4月26日，在未经中国议会通过的情况下，国际银行团即与袁世凯政府在北京东交民巷汇丰银行大楼正式签订2500万英镑的善后大借款合同。5月7日，法国外长毕盛不顾中国人民的抗议和反对，致函东方汇理银行经理，通知银行提供贷款。不久，袁世凯政府即用这笔善后大借款的钱镇压了孙中山领导的"二次革命"，法国政府还为袁世凯提供部分武器和弹药，法国军官格里索-德斯玛约上校还充当袁世凯的军事顾问，经常在袁的身边指挥对革命党人的作战。迟至1913年10月7日，在袁世凯正式当选总统后，法国政府才宣布正式承认中华民国。法国这一系列的干涉活动，对辛亥革命起了很大的破坏作用。

四 法国继续对中国推行强权政治

1. 老西开事件

进入20世纪后,随着美、日等国的崛起,法国在华的影响已不如上一世纪,但在对华政策上,法国继续推行强权政治,甚至在一战爆发后,法国仍不放弃侵华活动,在天津制造老西开事件,强行扩大租界地盘。

法国侵占老西开,蓄谋已久。1900年法国趁八国联军入侵中国之际,把租界向西扩展到墙子河畔后不久,即有意要将墙子河以外老西开地区纳入法租界。1902年,法国驻天津领事致函时任天津海关道的唐绍仪,要求将老西开4000余亩的土地让与法国,同时表示在老西开地区优待华人,留出路径,以便中国交通。对于法方的这一无理要求,唐绍仪当时未据理驳斥,只是置之不理。

民国初年,法国租界当局改换手法,指使天主教会在老西开大量购买土地,筑路盖房,制造侵占老西开的既成事实。从1913年8月起,法国天主教会相继在墙子河西岸建造主教府、大教堂、修道院、修女院、医院、法汉学校等工程项目。1915年，法租界当局又勾结比商电灯公司，计划由今劝业场沿滨江道穿过老西开直至海光寺开辟一条电车路线。后因欧战影响仅修至墙子河东岸，但该路电车上的路程牌则始终标明全线路程为"老西开—海光寺"，表示法国对老西开意在必得。

与此同时，法方展开外交攻势，胁迫北洋政府答应将老西开让与法国。1914年7月，法国领事馆致函直隶交涉署，要求撤去驻老西开的中国警察。理由有两点：一是清朝政府对1902年法国领事的"照会"未做答复，自应视为默认；二是天津地方检察厅和警察厅有关该处传人捕盗事宜，不时有知会法租界警局协助情事，此即默认其为法国租界。法方所列的两点理由纯属牵强附会之词，当即被交涉署据理驳回。

1915年2月6日，法国领事又乘日本提出"二十一条"之际向北洋政府施压，向外交部提出将老西开让与法国的要求，具体内容有四条：①该处地段与法国租界同一办法；②该处应办工程由本界工部局办理；③交涉事件如在租界内办法；④该处中国巡警撤去。由于天津人民的坚决反对，北洋政府不敢贸然答应，3月与法方达成维持现状的三条协议，规定：该处地方警察人数及驻点彼此不得添移，并约束巡警不得稍有冲突；凡关系紧要公益工程，如在洋商已租地段，由该洋商自行筹办，法工部局并不出面；其公益工程向归中国居民管业地段，即由该中国居民自行筹办。

但法方并不想遵守已达成的协议。1915年9月，法国租界当局再次制造事端，在老西开散发传单，强迫当地居民纳税。法国的这一咄咄逼人的嚣张气焰激起天津各阶层人民的义愤，天津绅商发起成立"维持国权国土会"，在报刊发表文章，强烈谴责法方畏强欺弱，不敢与强敌德国较劲，却将侵占能力施之于亲睦之友邦，推动天津各界人士与法租界当局的侵略行径展开斗争。

对于天津人民的抗议，法方居然要求北洋政府予以压制。10月15日，法国公使就此照会外交部，指责中国报纸攻击外国或外国官员，商民大开会议干预交涉，不但有碍交涉，且扰及治安。最后，法国公使向北洋政府提出两项要求：①必须将照会内附送的法方文稿在中国报纸刊登此案实在情形，该文稿将老西开案说成早由清政府1902年解决之案。②根据天津法领事本年2月提出的条件解决此案。否则，法方将代中国政府向该地人民公布此案情形，声明老西开已由中国政府答应让与，并将在老西开管理各办法立刻实行。

对于法方的强蛮态度，北洋政府却表现得十分软弱。外交部在11月13日致法使的复函中，一方面恳请法方照原议维持现状，彼此暂不进行，"以维地方友睦之谊"，同时对天津人民的正义斗争向法方表示"抱歉"，并表示由该部咨行直隶巡按使转饬取缔，"以副贵公使之雅意"。稍后，在法方的一再纠缠下，北洋政府又作让步，拟定由中国政府将老西开内海光寺市区自行"开辟商场"，准许外商租地营业，而行政事务归地方官管理。由于法方不允，1916年3月，中方又拟定海光寺管理局办法三条：第一条，为暂行管理相争之地起见，组织一管理局，以中国政府的代表与驻津法国总领事二人为局董。此外，另添法国顾问两员，办理该地警察及公益工程。第二条，关于警察及公益工程所需款项，即由该地所收捐款拨用。至捐款若干，应由管理局议定并征收。如该地捐款不敷用时，管理局有借债之权，并须先向一法国银行商借。第三条，该地内一切华洋诉讼事项，依照条约规定办理。

但北洋政府的退让妥协并没有换来对方的让步，反被法方认为软弱可欺。就在中方与法方拟定管理权办法时，法国领事又提出一项无理要求，要与北洋政府私订一密约，写明所有前述提议乃为暂时的，等中国政府所处困难时期过后，即行承认法国在该地区所要求的权利。法方的这一建议当即被中方拒驳，自辟商场的计划也胎死腹中。

1916年夏，当教堂等各项建筑竣工后，法租界当局采取了进一步的行动。他们不顾天津人民的反对，在老西开地区强行插立象征法国领地的红白蓝三色木桩，并派出军队巡逻。8月29日，法国驻津领事将扩大法租界的地图送到天津交涉署盖印。9月13日，法驻华代公使照会北洋政府，声明如至10月20日不将所送图据完全批准，即令法领事将争论之租界内一切华捕通令出界，并完全占领。10月17日，法国驻津领事向直隶省长提出"最后通牒"，要求立即撤出老西开一带的中国警察，将该地交与法租界，并限48小时内作出答复。10月20日晚,法国领事悍然派出巡捕及数十名越南兵,闯入海光寺内的中国巡警所,把驻守该所的9名中国警察强行缴械,押往法租界工部局加以拘禁。与此同时,在老西开地区派兵设岗警戒,不准华人往来。

法方的侵略行径激起天津人民的极大愤慨。10月21日,维持国权国土会在北京路商务总会召开紧急会议,声讨法帝的侵略行径,数千天津市民列队游行,同赴省公署和省议会交涉署请愿。22日下午,全市商民代表在商务总会召开大会,一致通过三项决议:①抵制法国银行纸币;②抵制法货;③清政府致电法政府另换驻华公使。25日下午,各界群众8000余人,在南市大舞台召开天津公民大会,进一步组织起来与法帝进行斗争。大会通过六项决议:①通电全国人民与法断绝贸易;②不使用法国银行纸币;③解散惠民公司,不准招募华工;④中国货不售予法国;⑤中国人敢为法国侦探者,一经查出,必予以相当处置;⑥致电驻法公使,要求法政府撤换驻华公使和驻津领事。10月29日,天津人民怒打前来天津进行所谓"调查"的外交次长夏诒霆。进入11月,法租界的工人也起来响应天津人民的反法斗争。12日,仪品公司和义善实业铁厂的工人率先举行罢工,随即各法商企业,包括工厂、洋行、电灯房、饭店、球房的职工也加入罢工斗争的行列,替法人做事的雇工,如厨师、马夫、女仆、清道夫、粪夫也相率辞职,甚至连一向听从法人驱使的职员、侦探、巡捕以及兵营工役也纷纷离开岗位,使法租界一时陷入瘫痪状态，给法帝以沉重打击。

在天津人民的强烈要求下，北洋政府只好再次与法方交涉，要求法方将拘禁的9名中国警察送回原驻点，恢复老西开原状。同时，北洋政府再次提议允将海光寺的部分市区自辟商场。10月31日，中方与法驻华代公使就此达成协议，但不久法代公使又反悔，声明不赞成"自辟"两字。11月6日，英国驻华公使朱尔典（J. N. Jordan）联合俄、日公使，出面干涉，声称"联盟国利益相关，不能漠视"，反对中方自辟商场和中方自派警察这两条内容，要求中国政府接受他们提出的调停方案：①老西开恢复原状；②该地置中法两国共同管理之下；③由两国派出警察，其监督权委于市政会；④尊重该地两国国民之既得权。

英国公使提出的这一调停方案，明显偏袒法国一方。慑于舆论压力，北洋政府不敢贸然应允。1916年，伍廷芳任外交总长后，继续与法国驻华公使就老西开事件进行谈判。但由于有英、俄、日的帮衬，法方坚持中方接受英公使的调停方案。这样，谈判终未取得进展，后来即被搁置下来，成为悬案。一直到1931年日本帝国主义策动便衣队叛乱，天津政局动荡不安，法国趁机正式把老西开置于法租界管辖之下，终于实现了其侵略野心。

在巴黎和会上背信弃义

一战期间，法国除在天津制造老西开事件外，其整个对华外交是先极力拉拢中国加入协约国对德宣战，继而又在大战结束后的巴黎和会期间对中国的正当要求置之不理。

1914年7月，以英、法、俄组成的协约国与德、奥、意组成的同盟国两大军事集团，为重新瓜分世界展开了一场世界规模的战争。战火遍及欧、亚、非三洲，而以欧洲为主要战场。对于欧洲资本主义国家之间爆发的这场战争，当时中国的袁世凯政府因国内政争不已，加之考虑此次战争是在欧洲进行，对中国影响不大，于8月6日宣告中立。稍后，因日本对德宣战，出兵山东，袁世凯政府为对抗日本对山东权益的侵夺，一度考虑对德宣战的可能，但因日本的阻挠终未有所举动。

在要否吸纳中国加入协约国对德宣战问题上，法国由于处在欧洲战场的最前线，从一开始就持积极态度。1915年11月，法国与英、俄两国曾向中国政府提议参加对德战争，但因日本坚决反对，未再坚持。到1917年初，德国宣布无限制潜艇政策，美国于2月2日宣布对德绝交并邀请中国政府采取一致行动后，法国政府和驻北京法国使馆又积极开展活动，频繁访问中国政府官员和在野名流，竭力鼓动中国对德断交、宣战。对于中国政府提出的对德绝交的条件，包括逐步提高关税、缓付庚子赔款、废止《辛丑条约》关于军事部分内容等要求，法国也予应承。3月上旬，法国和比利时两国公使作为协约国各国公使的代表，向中国政府表示各国对中国所提条件原则上赞成，具体办法另行研究。

为促使中国尽快对德断交，并加入战团，法国和英国等国还许下很多空洞的诺言，包括答应将来在和会上给予中国以大国的待遇等。法国甚至私下里与日本做交易，将承认日本对山东的要求作为日本支持中国参战的交换条件。3月1日，法国在与日本达成的秘密谅解中约定：法国支持日本继承德国战前在山东及太平洋赤道以北各岛屿的领土及特殊利益，日本则帮助法国敦促中国对德断交。这个严重损害中国主权的密约给后来巴黎和会处理山东问题带来极为恶劣的影响。3月2日，法国驻华公使康悌又代表协约七国公使，再次向中国政府陈述意见，力劝中国政府加入协约国集团。

8月14日，中国政府对德宣战后，法国政府又为组织中国派兵赴欧问题四处活动，一面与中国政府商谈落实，一面寻求美、英、日等协约国的支持。

法国政府与中国政府有关派兵问题的谈判始于1917年9月，止于1918年4月，前后历时7个月，大致分为三个阶段。

第一阶段于1917年9月开始，分巴黎、北京两处进行。先在巴黎由中国驻法武官与法国军方谈判，9月29日就运输问题、人数问题、招募与组织问题、运输梯次问题、成立军事代表团问题达成五项原则性协议。10月5日，法国陆军部长以一封代号为8393 B.S－3的电报，将上述协议通知法国驻华使馆，作为北京谈判的基础。在北京的交涉，由中国陆军次长徐树铮与法国驻华副武官贝利欧（Pelliot）上尉两人负责，10月16日双方达成以下五点协议：①中国将提供40营、每营1000人，即4万人的军队；②这支军队完全由志愿军官、士官与士兵组成，在华北各省征召，尽可能从北洋各师的现役人员中抽调；③士兵的衣服及装备由中国方面负责；④武器、设备、粮食、车辆、马匹等由法方供应，将来由中国照价偿还；⑤双方同意必要时中国派遣一军事代表团驻在法国参谋本部。事实上，北京政府于同年8月中旬，即已派遣一包括唐在礼、陈宽沆、魏钟奇、傅嘉仁、陈廷甲等人在内的军事代表团赴欧访问。

第二阶段自10月25日开始，由甫自东京抵任的法国驻华武官拉波马列特（Lapomarède）少校与徐树铮继续进行。11月3日，法国武官在第一阶段达成的五项协议基础上，向中方提出第一份军事计划书，除按中国意见将"先锋营"改名为"参战军"或远征军外，又加上一款：中国军队无论在教练营或在战场，完全由法国最高统帅指挥。11月22日，段祺瑞因与代总统冯国璋政见不合去职后，法国政府敦促中国派兵的努力没有停止。12月6日，法国驻京代办马戴尔（De Martel）亲自向中国外交部提交一份出兵节略，重申法国政府希望中国在最短时期内选派中国军事代表团，与法国参谋处接洽，会同研究中国远征队在法布置及调遣事宜；并希望法国武官与中国陆军部代表详细研究派遣远征队的方案，制订出军事协定计划。法国代办与武官还请求晋见冯国璋，争取冯对派兵一事的支持。12月19日，马戴尔及陆军武官在与冯国璋面谈后，从冯那里获得两项具体承诺：①中国对外政策不作变更，派兵交涉自当继续进行，任命已在法国的唐在礼将军为驻法军事代表团团长；②成立"督办参战事务处"，在与法国武官协调下，负责详拟一份"军事协定计划"和一份"远征军预算计划"。不久，冯国璋又任命段祺瑞督办参战事务，重开中法派兵谈判。

第三阶段自12月18日段祺瑞奉命督办参战事务至第二年4月间结束，由法国武官与督办参战事务处参谋处长靳云鹏具体负责。讨论的重点是《军事协定计划》、《远征军预算计划》和《财政协定计划》，双方就派兵参战的技术细节达成协议。

为使中国出兵欧洲的计划得以实现，法国政府还与中国政府一道寻求美国、日本等协约国在财政和运输问题上的援助。当时，中法双方把财政援助的希望主要寄托于美国。中国驻美公使顾维钧曾多次往访美国国务院，商催借款事宜。法国驻华盛顿大使茹色阑（Jean-Jules Jusserand）亦敦促美国政府贷款给中国。1918年1月29日，法国驻京代办还向当时在中美关系中扮演重要角色的美国驻华公使芮恩施（Paul S. Reinsch）做工作，建议美国先拨款给中国。当美国政府提出借款一事须等"最高战争委员会"对中国派兵问题表示意见后再作决定的复文时，法国总理为此特亲自致函驻凡尔赛的"最高战争委员会"的法国代表，指示他密切注意该委员会的讨论结果。在中国派兵赴欧的提案遭该委员会否决后，法国政府仍不放弃最后努力，法外长指示法驻华盛顿大使茹色阑于2月间再访美国国务院，探讨美国贷款给中国的可能性。而法国驻华武官拉波马列特则主张，既然美国不肯立刻贷款给中国，法国政府应责无旁贷地立即贷予中国第一期必要之款150万美元，作为抽调1万名中国军人之用。法国驻华代办马戴尔也支持这一建议。但这一建议被法国总理搁置，理由是在运输问题没有根本解决之前不宜提供此项财政援助。

关于运输问题，它与财政问题同样棘手。由于美、英等协约国对中国派兵参加欧战计划从一开始就不表示欢迎，因此不但财政上不予援助，运输上也不愿配合。法国最初想利用中国民营船只或所掳之德国船只，但这一设想事实上难以实现。法国也曾考虑过利用日本船只，据法国海军武官研究，日本拥有3000吨以上的商船约200艘，总吨数高达90万吨，如日本愿牺牲其商业利益，以半数的吨位作为运兵之用，加上日本现有海军的帮忙，当可在两个半月内运送3个师的军队到欧洲。但这只是法国方面的一厢情愿。最后，这一问题只好提交法国"输入执行委员会"讨论解决。在2月23日的会议上，该委员会实际上否定了法方负责运送中国军队的可能性，声明1918年的第一、二季度均无法安排。至3月18日，该委员会再度声明，中法之间的派兵交涉，只有在中国本身负责解决军队和粮食的运输问题后才有续谈的可能。这样，在贷款无着、运输无方的情况下，法国只好放弃中国合作派兵计划，4月3日，法国总理正式知会外长，将这一决定转告中方。

尽管派兵赴欧的计划未能实现，但中国方面为履行参战义务，还是尽了最大努力。除曾参加日、美、法、意等国联合出兵西伯利亚的行动外，中国还将大量粮食输送给包括法国在内的协约国，特别是曾派遣17.5万名劳工赴西欧战地助战。

欧战爆发，协约国方面普遍感到人力不足，其中又以法国情形最为严重。法国招募华工的计划最早由法驻华公使康悌提出来。在得到法外交部的同意后，康悌即与当时在中国政界、财政界、实业界均很有影响的人物梁士诒接洽，委托由交通系组成的惠民公司在天津、浦口、青岛、香港四处招工。所招的华工大部分在法工作，亦有一些被派往法属殖民地摩洛哥和阿尔及利亚。招募的华工，有的属无技艺的普通工人，他们大多从事在码头装卸搬运，或砍伐树木，开采矿山，修建道路，输送粮草，甚至挖掘尸体、战壕等工作；有的属手艺工人，如铁匠、木匠、机器匠、油漆匠，他们主要被派往军火厂、机器厂、坦克厂、飞机厂，直接从事军火制造或运送；还有部分华工实际参加作战，辅助战事的进行。1917年在庇卡底一役中，当德军一度冲入阵地，法军出现溃退的紧急关头，在场的华工仓促间取出平时做工的圆锹、十字镐等工具，与德军展开肉搏战，直至援军赶到。华工显示出来的勇敢精神较之职业军人毫不逊色。

然而，当一战结束后，法国却将当初拉拢中国参战时许下的诺言弃之一旁，而继续歧视中国。1919年

1月12日战胜国协约国方面在巴黎举行和会，拟订对德和约，参加者有英、法、美、日等27个国家，中国作为战胜国也派代表参加和会，但和会实际操纵在法、美、英三国首脑手里。就法国来说，作为巴黎和会的东道国，法国总理克里孟梭（Georges Clemenceau）既是和会主席，同时亦是最高会议"十人会"、"四人会"、"三人会"的当然主席。但法国政府在和会上对中国却极不友好。首先在会议席位的分配上，法、英等国曾允诺在战后和会上给中国以大国待遇，但在巴黎和会席位的安排上却把中国与小国同等看待，放在第三类。第一类为英、美、法、意、日五国，每国5个席位；第二类为为战争提供过有效援助的国家，如比利时、巴西等，每国3个席位；第三类是其他参战国，如中国、希腊、葡萄牙等，每国2个席位。对于和会的这种安排，中国代表极为不满，代表团团长陆徵祥认为中国和法国一直保持密切关系，希望法国能支持中国，于是往见法国总理和外长，但他们却回答说，一个国家在和会上的地位是要由该国在战争中为协约国所作过的努力来确定的。换言之，他们不承认中国在一战期间为协约国所作的贡献，更忘记了他们不久前对中国的承诺。在得知巴西席位由2名增至3名的消息后，陆徵祥再次前往法国外交部要求同等对待中国，但仍被法国外交部拒绝，理由是中国对协约国的实际帮助很少，不如巴西。这样，使中国在巴黎和会上处于非常不利的位置。

其次，在巴黎和会讨论中国山东问题上，法国又偏袒日本，压迫中国。和会主席、法国总理克里孟梭居然提议把日本与英、法、俄订立的密约作为处理山东问题的根据，这就是说，要和会承认日本继承德国在山东的权益。克里孟梭还和英国首相劳合·乔治（Lloyd George）一起极力说服美国总统威尔逊（Woodrow Wilson）与他们采取同一立场，承认上述密约的效力。4月22日，在英、法、美、意首脑组成的"四人会"上，日本代表牧野态度强硬，坚持日本对山东的要求，克里孟梭和劳合·乔治又在一旁唱和，不是点头赞许，就是插话表示同意。在法、英两国的大力支持下，会议最后通过了严重损害中国主权的方案，承认日本获有胶州租借地和中德条约规定的德国所享有的全部权利。此后，法国政府又压迫中国代表接受这一提案。5月4日，陆徵祥会晤法国外长毕盛，表示要对和会的决定提出抗议，并责问法国总理为何屡屡食言，毕盛则以"为协约所束缚"来搪塞，表示大势已无可挽回，劝中国代表接受。在中国提出要对和会有关山东问题持保留意见时，法国又极力反对。法国外长向陆徵祥表示，中国如对和会决议提保留意见绝无可能。其理由是，如果接受中国持保留意见，那么其他国家可能也要提出它们的保留意见，在协约国及参战国中许多国家都对有关自身的解决方案不完全满意。6月27日，即和约签订的前一天，中国代表作最后一次努力，由顾维钧出面与毕盛晤谈。顾向毕提出三种保留方案：第一种是将保留附于和约之内；第二种是将保留附于和约之后；第三种是由中国在预备会

四 法国继续对中国推行强权政治

上作一声明，大意谓中国虽然接受签字，但不接受山东条款，同时将此声明记录在案。而毕盛的态度很强硬，一概拒绝，声称任何声明，即使只是在会上宣读并不附于约后，也难以获准。当中国代表鉴于国内强烈反对和约有关山东的内容，作出拒签和约的决定时，法国政府直接对北京施加压力，令其驻京公使劝说中国政府电饬代表团签字。法国在巴黎和会上对中国的这种不友好态度，极大地伤害了中国人民的感情。

8 金法郎案

20世纪20年代，法国在经济上也对中国推行强权政治。这方面的一个突出例子，便是轰动一时的金法郎案。

所谓金法郎案，即法国部分庚子赔款余额是否用金偿还问题。关于庚子赔款的支付方法，1901年的《辛丑条约》第六款规定，中国支付八国赔款共450兆两，此450兆两系照海关银两市价易为金款偿付，此市价对各国金钱的比价是：海关银1两等于3.75法郎，3先令，1.47日元……对于这一还款方式，当时的清朝政府并未觉察，以为是银两负债，待至第二年还债时，清政府才发现庚子赔款并不是以中国的银两为标准，而是以金银的兑换率为标准。换言之，非银贷负债，而为金贷负债。由于银价跌落，这样中国偿付的赔款实际不止4.5亿两。对此，清朝政府一度不肯承认。但由于各国坚持《辛丑条约》第六款的规定，清政府最后只好承认还款照条约上的兑换率办理。但在还款手续上，1905年7月2日清廷与各国换文约定：各国对于换款手续，或按伦敦市面银价，用银交付，或用金钱期票还付，或用电汇还付，各国在这三项中自行择定一项，声明自择定之日起至赔款还清之日，其间不得因故变更此种办法。当时，法国照会清政府，选择了电汇办法。此后中国偿付法国的庚子赔款均按付款日电汇行市，交付法国指定代为收款的银行，即使银价累落，亏本赔偿，中国政府也忍痛履约，未提任何要求。法方提出金法郎问题乃在第一次世界大战结束之后。

一战后，几个欧洲国家的货币大幅贬值，其中以法国跌幅最大。根据当时的法郎的币值，中国用汇兑办法，约付常年一半有余的银两即足以付清法国应收的赔款，对中国较为有利。于是法国便想尽心计，变更《辛丑条约》第六款第二项规定的兑换率，要求中方还付庚子赔款，应以金法郎（即硬金）计算，不能用纸法郎计算。1921年华盛顿会议时，法国代表白理安（Briand，时任法国总理）向中国代表表示退还部分庚子赔款，以作为整理中法实业银行的借款基金，并将其中一部分拨作中国教育经费。12月16日，驻京法使傅乐猷（Fleuriau）即提出节略，法国国会也于1922年1月予以通过。6月22日，法国驻华公使在给中国外交部的照会中第一次正式提出以金元计算的要求。照会说：查金法郎与纸法郎有别，在数项账目中，向以金法郎计算，但本公使以为嗣后于法国部分庚子赔款的各项账目及各种应付款项，不如用金法郎，径以金元计算较为简便，其折算之行市则照《辛丑条约》规定之率。在这里，法国公使之所以用"金元"代替"金法郎"，目的是混淆中国人的耳目，以探知中国方面是否同意用金。如果中国承认用金元，则金法郎自然也必须承认。

对于法国的这一险恶用心，当时的中国政府被法国退还庚款的口惠所诱惑，并未觉察。而一部分官僚财阀，如王克敏、周自齐等因在中法实业银行有私人存款，更是希望法方的建议得逞，恢复中法实业银行，以保全自己的财产。中法实业银行系法人在华开办的一家私人银行，在一战期间营业失败，于1921年7月宣布倒闭。法国政府正是利用中国一部分官僚财阀的这种心理，引诱中方上钩。1922年7月9日，时任国务总理的周自齐和外交总长颜惠庆等与法国公使正式订立中法实业银行复业协定，规定法国退还的庚子赔款用于恢复中法实业银行，部分拨作教育基金。而协定中用到法郎一词，一律改为金法郎。

在引诱中国政府上钩后，法国政府最后图穷匕首见。7月13日，法使照会中国外交部，明确提出以后中国还法国之庚子赔款应直接照金法郎之硬金计算，撤回用美金（金元）计算。照会说：当时曾提议关于法国部分庚子赔款之各项账目及各种应付款项，暂时不用金法郎，而用金元计算等因。乃本公使关于该问题深加研究之后，以为历来关于该项账目所用之币，实无变易之必要，即暂时之变易，亦殊不必，特将关于金元代金法郎之提议,即此撤回,嗣后法国部分庚子赔款账目仍以金法郎计算。

对于法国的这一无理要求,中国人民一致反对。当时,中国尚欠法国庚款4亿法郎,按当时的电汇价,每法郎合银元一角三分四厘,中国仅支付5300多万元即可付清。如按金法郎折合银元为三角四分计算,则中国需付1.36亿元,无形之中损失8000万元。若其他七国援例要求,则损失达亿元以上。在全国人民的一致反对下,当时的北京政府也不敢冒天下之大不韪,乃于同年12月底由王正廷外长代表北京政府照会法国驻华公使,坚持以纸法郎按电汇方式偿付庚款,由此揭开中法两国关于金法郎案的交涉。

法国为迫使中国接受其要求,用尽各种威胁利诱手段。一方面以不批准华盛顿会议条约——《九国公约》相要挟,以此阻挠中国召集关税会议。根据华盛顿会议原来的决定,只有在各国政府批准《九国公约》后,中国方可召集二五加税的关税会议。与该约有关的共计9个国家,其中8国早已批准,唯独法国故意刁难,拖延不批准,以致关税会议召开无期。另一方面,法国又联合同以法郎收受赔款的比利时、意大利、西班牙各国扣留盐余,将其赔款数按金法郎计算,由总税务司方面尽数扣除。自1922年12月1日起,两年之间扣留的款额,达1500万元以上,其中法国部分在1000万元左右。与此同时,法国政府还威胁取消1922年7月9日的中法协定。该协定案于1922年11月21日、1923年1月9日先后经法国上下两院通过。按照法国宪法规定，凡各案经公布后，满一个月不实行者，作为无效。法国即以此要挟，声明如不于2月10日正午以前承诺，则将协定取消。

时任国务总理的张绍曾和外交总长黄郛，受王克敏等人的影响，居然不顾全国人民的反对，屈服于法国压力，于2月10日复照法使，维持1922年7月的中法协定，答应以金法郎计算偿付法国庚款。

黄郛外长2月10日的认金照会发出以后，国内舆论哗然。国会方面，一片反对之声。众议院议长吴景濂乃于2月13日召集紧急会议，决定咨请政府将中法实业银行复业协定及法国庚子赔款改用金法郎案速交国会议决。

法使见情势急迫，赶忙于2月底邀集《辛丑条约》有关的英、美、意、日、比、荷、西七国公使，照会中国外交部，要求各国庚款一律用金。他们在照会中指出："兹各本国政府训令，特嘱本公使等照会贵总长，以各本国政府同一主见，均以《辛丑条约》及1905年7月2日所订各节，对于庚子赔款应付现金字句为毫无疑异之余地，文词既明，断无辩驳之有。各本国政府一律如此决断，此即所谓付与各国每海关银一两，中国政府应即按照《辛丑条约》第六款所载折成现金付出是也。"在这里，八国公使故意曲解《辛丑条约》条文，将此中的"金"说成"现金"或"硬金"。事实上，条约中的"用金"一词，系指实行金本位制的各国通用货币（简称金币），相对实行银本位制的中国银币而言，并非指现金或金块，并且1905年换文后，《辛丑条约》中的"易金"及"用金付给"等字样，已根本取消，且明白规定：择定办法后，照行至赔款付清之日为止。因此，法国要求用金偿付庚子赔款，并无法律根据。

但法国政府却蛮不讲理，恃强欺弱。在八国公使照会送出不久，法、比、意、西四国公使又于3月29日送一节略，要求中方将1922年12月和1923年1月、2月、3月各到期应付赔款，立时以金币交付上海各国指定代行收款的银行。

受内外逼迫，张绍曾只好于1923年4月4日将金法郎案咨送众议院议决。因北京政变，时局变动，众议院搁置到9月28日始行开议。10月3日众议院再行开会，将八国公使照会暨法、比、意、西四国公使节略要求用金偿还庚子赔款咨请决议案及以庚子赔款维持中法实业银行复业并协定16条用金法郎偿还咨请议案，分登66、67号议程，当即一并由全院委员会审查，悉予否决，并声明即日行文政府，请其查照1905年的换文办理。

在全国人民的反对和国会的催迫下，北京政府迟至12月26日才驳复八国。八国公使收到驳复后，多次举行会议，并致电本国政府请示办法，于1924年2月将驳复中方照会的复照送至外交部。而北京政府当时迫于全国舆论，亦坚持不肯让步。这样，金法郎一案遂成僵局。延至贿选总统曹锟倒台，段祺瑞出而执政，段氏为速得庚子赔款退还之数以资弥缝，于1925年4月12日由外交总长沈瑞麟与法国公使订立条约八款，承认中国用硬金偿还庚子赔款。条约规定：法国政府承认将法国部分庚子赔款退还中国，作为中法两国实业之用；法国政府承认自1922年以来由总税务司扣留中国关余盐余之额悉数交还中国政府，中国政府则承认法国部分庚子赔款余数以后不用汇兑法郎计算，改为汇兑美金计算，此款汇兑的美金，逐年借与中法实业银行，作为该行发行五厘美金公债之担保。协约中所谓改为汇兑美金，实即对金法郎的变相承认。因为法郎跌价，而美金并不跌价。

对于金法郎案的这一解决结果，举国哗然，各界纷纷通电反对，拒绝承认中法协定。国会在协定签订的同月即发表通电，反对金法郎案，揭露政府舞文弄墨，欺骗国人。国会议员甚至发表致法公使及法政府宣言，明确宣布段祺瑞自称执政，没有资格代表民国政府与任何国家缔结契约，并且此次中法协定也未提交国会批准，故根本不能发生效力。同时，国民自治促进会亦向各省军民长官、省议会、教育会、商会、农会、工会、国民会议促进促成会、各法团、各报馆等发出反对金法郎案的宣言，揭露段祺瑞冒称执政，巧于卖国，指出"非打破金法郎三字联属名词，非废除中法协定全部，以退还之庚款受把持于中法实业银行，究无法免除吾国之浩大损失"，号召"救国同胞，盍亟图之"。此外，一些社会名流如孙洪伊等也以个人身份发表反对的通电或文章。北京学生则举行游行请愿。北京高等检察厅检察官提出检举案，指控外交、财政二总长在金法郎案交涉中触犯刑律，应"侦查起诉，以彰国法"。但反动政府当道，终未能推翻金法郎案。根据中法协定的解决办法，意大利、比利时、西班牙三国的庚子赔款也只好以同一条件解决。

五 斩不断的中法文化交流

1 法国大革命对中国的影响

19世纪以后,法中两国的外交虽然有过一段侵略与被侵略的关系史,但两国的文化交流不但没有萎缩,反而因接触的增多扩大了。随着中国封建制度的衰微和帝国主义侵略的加深,近代中国人开始了向西方资本主义国家寻求救国救民真理的历程。以富有革命传统和艺术、科学昌盛著称的法兰西,对近代中国人更具有特殊的吸引力。法兰西文化对近代中国影响最深的,则是发生在18世纪的法国大革命。

在近代,最早介绍法国大革命历史的中国人,大概要数早期资产阶级改良派人物——王韬。王韬在近代早期中法文化交流史上是一位值得一提的人物。他先后于1868年、1870年两次游历法国,并结识法国汉学家儒莲(Stanislas Julien,1797-1873),讨论梵学、文史等问题。19世纪70年代初,他写成中国第一部较系统的法国史——《法国志略》。在这部著作中,王韬谈到了法国大革命的历史。他虽然责怪被法国大革命处死的法国君主不与民同好恶,高高在上,为所欲为,以致身败名裂,但对法国大革命的历史意义并不理解,持否定态度,谴责法国大革命者犯了"弑君之罪",违犯"国法"、"天理",把法国大革命说成是古今最烈的一场"悖乱"。

19世纪末,中国的资产阶级维新派开始利用法国大革命的历史为其变法维新运动服务。1898年,康有为向光绪皇帝进呈《法兰西革命记》,详细介绍法国大革命的历史,希望光绪帝以法国为借鉴,尽快实行变法。为达到这一目的,康有为在为《法兰西革命记》写的序言中,极力渲染法国大革命的酷烈。他说:"臣读各国史,至法国革命之际,君民争祸之剧,未尝不掩卷而流涕也。流血遍国中,巴黎百日,而伏尸百二十九万,变革三次,君主再复,而绵祸八十年,十万之贵族,百万之富家,千万之中人,骨暴如莽,奔走流离,散逃异国,城市为墟,而变革频仍,迄无安息,漩入回渊,不知所极。至夫路易十六,君后同囚,并上断头之台,空洒国民之泪,凄恻千古,痛感全球。自是万国惊心,君民交战,革命之祸,遍及全欧,波及大地矣。……普大地杀戮变乱之惨,未有若近世革命之祸酷者矣,盖皆自法肇之也。"规劝光绪帝通过自上而下的变革,使中国避免出现法国大革命的局面。

康有为的弟子、维新派的另一位主要领导人物梁启超,在他那篇脍炙人口的《变法通议》中也引法国大革命的历史为例,宣传他那套变亦变,不变亦变,与其被迫变不如主动变,与其流血变不如和平变的变法理论。他说:"盖自法皇拿破仑倡祸以后,欧洲忽生动力,因以更新。至其前此之旧俗,则视今日之中国,无以远过。惟其幡然而变,不百年间,乃淬然而兴矣。"他还进一步指出,法国君主最后落得丢掉王位、伏尸市曹的下场,就是因为法国的君主固守旧制,不思变法。

另一位维新志士谭嗣同,则对法国大革命者表现出来的反对封建专制统治的革命精神十分钦佩。他在《仁学》一书中,称赞法国大革命者为建立民主制度,"誓杀尽天下君主,使流血满地球,以泄万民之恨"。他甚至认为中国也只有来场法国大革命那样的新旧革命,才有复兴的希望。他在给老师欧阳中鹄的信中写道:"今日中国能闹到新旧两党流血遍地,方有复兴之望。不然,则真亡种矣。"及至戊戌变法失败,他果然以法国大革命中那些英勇就义的前辈为榜样,临死不惧,视死如归,对劝其避走的友人说出这样一段掷地有声的话:

不有行者,谁图将来;不有死者,谁鼓士气?自古至今,地球万国,为民变法,必先流血。我国二百年来,未有为民变法流血者,流血请自嗣同始。

到了20世纪初,法国大革命的历史更进一步激励广大中国青年知识分子投身推翻清朝封建专制统治的民主革命。20世纪初的进步思想界争相介绍、宣传法国大革命历史,不但大量发表和出版关于法国大革命历史的文章和译著,而且还刊登有关图片。如由改良派主办的刊物《新民丛报》1902年6月20日第10号"图画"专栏,同时刊出法国启蒙思想家伏尔泰和卢梭的肖像。1903年,《新民丛报》又刊出《巴黎自由女神像》,1904年刊出《法王路易十六被巴黎市民逮捕之图》,1905年刊出《破巴士的大监狱之图》和《围攻巴黎皇宫图》。革命派刊物《民报》也刊出过不少图片,除卢梭像和攻打巴士底狱图外,还陆续刊出《1789年6月17日法兰西人民宣布革命条理图》、《法兰西第一次大革命之真景——巴黎市民之夺取军库》、《路易十六上断头台之实景》、《法兰西革命之气象》等图片。

与19世纪不同,20世纪中国进步思想界对法国大革命的历史意义给予了充分的肯定。他们称赞"法兰西革命者,近代文明之春雷",乃"惊天动地之革命事业"。或说:自有法兰西革命,"而国家之兴,焕乎始盛",开19世纪"历史之先声",导19世纪"历史之伟绩"。甚至连对革命持反对态度的梁启超也多处提到法国大革命的伟大意义。如在《论学术之势力左右世界》一文中提到:法国大革命,19世纪全世界之原动力也。在《罗兰夫人传》中又认为:法国大革命为欧洲19世纪之母。法国大革命"结数千年专制之局,开百年来自由之治,其余波亘八十余年,其影响及数十国土,使千百年后之史家,永以为人类新纪元之一记念物"。

尤其值得一提的是，以孙中山为首的资产阶级革命派还对改良派康有为等人贬低法国大革命的言论进行了批驳。针对康有为等人将法国大革命描写成一场杀人如麻、血流成河的大悲剧，资产阶级革命派尽力宣传法国大革命的进步性和合理性。他们发表文章指出：法国大革命是破坏，但这种破坏的目的是为了建设，是旧社会向新社会过渡所必需的，是历史发展的动力。"革命军中马前卒"邹容在其所著的《革命军》一书中，以充满激情的笔调讴歌道：法国大革命"为世界应乎天而顺乎人之革命，去腐败而存良善之革命，由野蛮而进文明之革命，除奴隶而为主人之革命。牺牲个人以利天下，牺牲贵族以利平民，使人人享其平等自由之幸福"。

1906年，青年革命家汪东在《民报》上连载《正明夷〈法国革命史论〉》和《法国革命史论》等文，为法国大革命辩护。他通过详细介绍法国大革命爆发的原因和处死路易十六的经过，指出法国大革命的爆发实是自路易十四以来的暴政统治所致，是顺天应理、无可非议的。汪东还进一步认为，法国大革命之所以后来出现波折，正是由于法国大革命中的保守派米拉波和拉法耶特等人的革命不彻底，说："法之大革命，所以成若彼之恶果者，彼（即米拉波——引者注）与拉飞咽（即拉法耶特——引者注）实皆不得辞其咎。"革命派的宣传，纠正了长期以来改良派对法国大革命的歪曲，为法国大革命树立了正面形象。

除广泛介绍法国大革命的历史外，进步思想界还大力宣传法国大革命的民主思想。他们对卢梭、孟德斯鸠、伏尔泰等人的思想学说推崇备至,广泛翻译、刊载这些启蒙思想家的著作。1900年夏,卢梭的《社会契约论》(又译《民约论》)在《开智录》上摘译刊出。1900年12月至1901年12月,由中国留学生在东京出版的《译书汇编》分四期刊出《社会契约论》的部分译文,然后合成一册单行本于1902年由文明社印行。1901年11月至12月,梁启超根据日人中江兆民的日译本,在《清议报》上分三期发表《卢梭学案》一文。除对卢梭的生平作了简要的介绍外,着重介绍了他的社会契约论学说,称卢梭提出的天赋人权和主权在民思想为"精义入神,盛水不漏",自卢梭的《民约论》一出,"欧洲学界,如旱地起一霹雳,暗界放一光明,风驰云卷,仅十余年,遂有法国大革命之事"。1902年,梁启超又在《新民丛报》第4、5号上发表《法理学大家孟德斯鸠之学说》一文,对孟氏的政体论与三权分立学说作了全面介绍。

20世纪初的革命思想家们对法国大革命的民主思想更是热情讴歌,他们大力呼唤法国启蒙思想家提出的自由、平等、博爱等思想原则在中国大地扎根,认为"20世纪的中国为民权之枢纽"。如邹容在《革命军》中称卢梭等启蒙思想家的学说为"起死回生之灵药,返魄还魂之宝方,金丹换骨,刀圭奏效,法、美文明之胚胎,皆基于是"。他指出中国今日之病,如欲施药解救,"则吾请执卢梭诸大哲之宝幡,以招展于我神州土"。与邹容齐名的陈天华,在《猛回头》中也强调《民约论》对法国大革命所起的启蒙作用，说："法国之人，闻了卢梭这一篇言语，如梦初醒，遂与国王争了起来……一连革了七八次命，前后数十年，终把那害民的国王贵族，除得干干净净，建设共和政府。"他号召中国人民"要学那，法兰西，改革弊政"。

　　法国大革命在中国的传播，对广大青年知识分子走上民族民主革命道路起了极大的推动作用。许多青年知识分子便是受了法国大革命的影响，接受了革命思想和民主共和思想，如黄兴投身革命便与学习法国革命史而受其影响有关。1898年，黄兴就读两湖书院，课余总购西洋革命史和卢梭《民约论》等书，朝夕诵读，开始接受西方资产阶级革命思想。1900年义和团运动失败后，他更"醉心卢梭《民约论》，力主根本改革"。1899年在东京高等大同学校就读的原时务学堂学生，在读了卢梭《民约论》和有关法国大革命史的著作后，也皆"高谈革命，各以卢骚（梭）、福禄特尔（今译伏尔泰）、丹顿（东）、罗伯斯比（庇）尔、华盛顿相期许"，"充满革命空气"，其中有些更是"渐心醉革命真理，种族观念油然以生"。张继在回忆他本人思想发展的经历时也说，他18岁时在日本早稻田大学读了日人中江兆民所译的《法兰西大革命》和《民约论》等书后，"革命思想，沛然日滋"。当时，还有许多进步的青年知识分子纷纷以卢梭之徒、卢梭魂、亚卢（亚洲卢梭）、平等阁主人、人权、民权、志革、血儿之类的署名在报刊上发表文章，明显地反映出受法国大革命影响的痕迹。长期接受西方教育的孙中山，最早接受民权思想并且最先提出建立民主共和国的奋斗目标。他从理论到实践都效法法国大革命和美国独立战争。孙中山领导的同盟会从成立之日起,便高举法国大革命提出的"自由、平等、博爱"旗帜。其宣言声明,他们所从事的革命,"虽经纬万端,要其一贯之精神,则为自由、平等、博爱"。法国大革命的历史,甚至在辛亥革命之后,仍在中国思想界有着持久的吸引力。

留法勤工俭学运动

派遣留学生是沟通中外文化的一条重要途径。中国留法学生,除随耶稣会士赴法学习天主教神学的少数人之外,最早是19世纪70年代由福州船政局派往法国学习船政的学生。自1874年至1897年,福州船政局先后共派出四批中国学生赴欧美学习船政等科学技术,其中留法学生计有50人。但在近代中法文化交流史上,影响最大的还是留法勤工俭学运动。

留法勤工俭学运动,最早可追溯到20世纪初年的辛亥革命时期。1901年,李石曾、张静江等人随清朝政府驻法公使孙宝琦官费留法学习。1906年吴稚晖也从伦敦转到巴黎与李石曾同住。在当时欧洲的无政府主义思潮影响下,他们开始实行一种"苦学之生活",并组织中华印字局,先后编辑出版《世界》画报、《新世纪》周刊等刊物,宣传无政府主义,同时支持孙中山领导的民主革命,并加入同盟会。1909年,李石曾与齐竺山等人在巴黎近郊哥伦贝组织豆腐公司,生产各种大豆食品,并陆续从国内招去30名工人,他们在豆腐工厂过着俭朴的集体生活,同宿同学,工余学习法语、国文和普通科学知识,形成一种"尚俭乐学之风"。

1912年初,李石曾、吴玉章、吴稚晖、张静江、齐竺山、褚重行等在北京发起成立留法俭学会,以推动中国学生赴法留学。他们认为,在当时的世界上,法国是"民气民智先进之国",因此"欲造成新社会新国民",以留学法国为最宜。其次,在欧美几个主要资本主义国家中,法国学费低廉,"每年每人学食宿费不过二三百元"。不久,在时任教育总长的蔡元培的积极支持下,留法俭学会又在北京大方家胡同设立一所留法预备学校,由吴玉章等人筹办和主持,并聘请法人铎尔孟(André d'Hormon)担任法文教授。该校招收的第一批俭学生共计20名,其中女生2名,是我国最早男女生合班上课的学校。预备学校规定,学期为半年,以学习法文为主,选学一些数学和语文,附以留学须知和西欧风俗习惯的教育。为使学生在国内就养成勤俭风气,校中学生轮班值日,自操工作,除雇厨师外,别无佣工。

留法俭学会从成立到1913年6月,先后组织两批共80名学生赴法留学,这批学生到法后,分别进入蒙达尼、枫丹白露、木兰等地中学校学习。数月以后,有几十人考进法国各地的专科学校和大学,学习化学、工程、建筑、矿学、农业等科目。留法俭学会原计划五年内组织 3000 人到法国留学，但在 1913 年秋北洋军阀袁世凯镇压孙中山领导的"二次革命"后，北京留法预备学校即被作为"革命"组织而遭解散，蔡元培、吴玉章被迫流亡国外，于 1914 年初来到法国。留法俭学会的活动也随之转到法国。

第一次世界大战爆发后，大批华工来到法国。为提高华工的文化素质，1918 年夏，豆腐公司工人李广安（光汉）、张秀波、齐云卿在李石曾的协助下，发起组织勤工俭学会，提倡华工"勤于工作，俭以求学"，并每月编印一篇《勤工俭学传》，用中、法两国文字介绍世界名人富兰克林（Franklin）、卢梭等勤奋学习、刻苦钻研的事迹，把他们作为勤工俭学实践者的表率加以宣传。此外，李石曾还与法国招工局约定，留法勤工俭学会代法国在国内招收华工，法方答应华工与法国工人同工同酬，招收华工的各工厂必须为华工开设法语补习班，使之达到以工兼学的目的。不久，中法两国文化教育界人士，又发起成立华法教育会，进一步推动留法勤工俭学运动。

1916 年 3 月 29 日，法国文化教育界人士欧乐（Aulard）、穆岱（Marius Moutet）、赫里欧（Edouard Herriot）、法露及中方人士吴稚晖、汪精卫、李石曾、蔡元培等各 30 人，借巴黎自由教育会会所，召开华法教育会发起会。会上，穆岱代表法方首先发言，宣布该会的宗旨在于"发展中法两国之交谊，尤重以法国科学与精神之教育，图中国道德、知识、经济之发展"，并阐述了华法教育会活动的内容。接着，蔡元培代表中方发言，进一步演说该会的旨趣，强调"承法国诸学问家、道德家之赞助，而成立此教育会，此后之灌输法国学术于中国教育界，而为开一新纪元者，实将有赖于此会"。最后，会议推举干事，华法各半。会长：欧乐（法）、蔡元培（中）；副会长：穆岱（法）、汪精卫（中）；书记：辈纳、法露（法），李石曾、李圣章（中）；会计：宜士（法）、吴玉章（中）。同年6月22日，华法教育会召开成立大会。会上，巴黎大学革命史家、华法教育会会长欧乐教授首先演说，盛称此举有益中法两国人民，谓："中华民国与法兰西民国相同，皆欲以教育为要务。诸君欲为真实之革命，非仅易其衣表，实更易其身心；非但求中国之益，盖求人道之益也。诸君为此高谊的行为，而求助于法国，因其有改革之经验。然华法教育会之助中国，亦即所以助法国也。此并力之工作，诚与二国平等之益与平等之荣也。"

华法教育会成立后，积极开展各项文化工作。它的第一项工作是会同留法勤工俭学会在巴黎创办第一所华工学校。华工学校与华法教育会同年同月发起，并于4月3日开学。根据法国招工局与留法勤工俭学会达成的合同，华工学校由法政府拨借校舍，并每年津贴1万法郎。开设的课程有法文、中文、算学、普通理化、图画、工艺、卫生、修身与工会组织等诸科，由蔡元培、李石曾等人以及一些法国人士承担授课任务。入校的华工"皆以勤工之积储，为求学之资斧"，同时还有一些抱以工求学志愿的俭学会会员也入校学习。除在巴黎设华工学校外，华法教育会和留法勤工俭学会还在法国华工所到之处开设夜班，此类夜班计有 223 处。

华法教育会的另一重要活动是印行杂志。1916 年 8 月 15 日，华法教育会在法国中部名城都尔出版半月刊《欧游杂志》，"以交换旅欧同人之知识，及传播西方文化于国内为宗旨"。每期除登载世界大事、国内新闻外，特别注意报道勤工俭学会的活动，以及旅法华工的情况。该刊共出 27 期，1918 年 3 月停刊，在当时的华工和旅法学生中有很大影响。1917 年 1 月 16 日，华法教育会又与勤工俭学会和中华印字局合力刊出《华工杂志》。该杂志是半月刊，后改为月刊，为 32 开本。杂志以提倡勤、俭、学三者为宗旨，其内容有三项特色：第一，它的文章通俗易懂，即使刊登一两篇文言文，也都另附白话文；同时为便利不识字的工人阅读，该刊还附注拼音字母。第二，在这个刊物上，国内外新闻报道占了很大篇幅，重要的新闻，如第一次世界大战的情况、参战各国工人的罢工等，对增进华人的时事知识和启发工人的觉悟都产生了相当积极的影响。第三，为了便利工人在工余学习外国语，该刊每期都附载有英、法、中文会话对照。《华工杂志》共出 49 期，1920 年 12 月 25 日停刊。

此外，华法教育会还把组织国内留法勤工俭学活动列为重要任务。鉴于华工在法勤工俭学收到良好效果，蔡元培、吴玉章等认为，如果动员国内青年学生赴法勤工俭学，其成绩必更加显著。因为学生文化水平较高，可直接进入法国专门学校或大学，掌握科学技术，"归国可致用于振兴实业之途"。于是，他们派人回国赴北京、保定等地组织留法勤工俭学预备学校。

在华法教育会的大力推动下，同时受十月革命和五四运动的影响，1919年至1920年，留法勤工俭学运动达到高潮。在这期间计有1600多名勤工俭学生赴法留学。他们当中以学生为最多，有小学生、师范生、大专生、留日学生，还有教师、工人、农场工作者、商人、各业职员、店员、医生、记者、南洋等地的华侨师生以及任职政界者和退伍军人等。后来成为中国共产党主要领导人物的，如周恩来、邓小平、陈毅、王若飞、李富春、聂荣臻、何长工、蔡畅、李维汉、蔡和森、赵世炎、向警予、徐特立、陈延年、陈乔年等即在这一期间留法勤工俭学。在勤工俭学生中，年纪最大的是蔡和森的母亲葛健豪，当时她已54岁，仍毅然离开久居的故乡，举家赴法，去受中等女子教育。其次便是在湖南享有盛名的教育界领袖徐特立，去法国时已43岁，他也抛弃国内安适的生活，到法国去做工。勤工俭学生中年龄在15岁以下的约有20人，其中最小的是10岁的王树棠，他由布里村留法工艺实习学校的法文教员齐连登于1919年7月带领赴法。另外还有约20名女生也勇敢地冲破封建礼教的樊笼而奔赴法国，其中向警予、蔡畅等都是女界中的杰出人物。

勤工俭学生抵法后，有的入学校，有的进工厂。据不完全统计，他们在法国各地就读学校共有30余所，其中以枫丹白露、蒙塔尔纪、沙多居里、杜鲁、刚恩、木兰、圣日耳曼、暮岚等公学入学人数最多。女子勤工俭学则集中在蒙塔尔纪女学。他们在法国各地所入的工厂共有六七十处，人数以圣太田列夫工厂、勒阿弗尔施奈德工厂、圣夏门沙凡工厂、圣夏门炼钢厂、拿格列工厂等为最多。他们晚间请人补习法语。此外还有少数做杂工的自由职业者。他们所在的工厂种类繁多，其中最多的是铁工厂，还有火车、汽车、摩托车、飞机零件、化工、木工、造船、冶炼、锅炉、电气、橡胶、印刷、皮鞋、酒精、人造丝、制药等厂。也有在矿山、农场从事劳动的。在这些厂矿中，他们多半担任粗工，或做学徒。勤工俭学生分布的地域很广，据当事人调查，北起第厄普港，南抵尼斯和图卢兹一带，东起南锡，西至翁热，都有中国的勤工俭学生在求学和工作，在55万平方公里的法兰西土地上，几乎到处都有他们的足迹。

大批勤工俭学生通过劳动和学习，不但学到了技艺，增长了知识，而且在和法国人民朝夕相处中增进了彼此的了解和友谊。如枫丹白露的中国勤工俭学生于1920年初组织"枫校学生游艺团"，经常演出音乐、舞蹈、新剧和杂技等，"以表现我国固有的文明"，深受法国人和当地华人的喜欢。对枫丹白露有关方面接受中国勤工俭学生的友好态度，王若飞在临别前的日记中也表达了对法国人民的感谢之情，他在日记中写道："方登普鲁（即枫丹白露——引者注）学校，接待中国同学，非常优厚，就是这地方的人，对于我们的感情，也还不坏。此处风景，又极佳妙，我们现在要和他离别，心中不免生了一种留恋的感想；正是古诗所谓：一花一草寻常见，到得临别总耐看。"

3 班乐卫访华

学人访问是沟通中外文化的又一重要形式。五四前后，就在中国青年学生纷纷赴法勤工俭学之际，一批法国学者也应邀来华访问、讲学。1919年7月，法国国立里昂大学校长儒朋（Paul Jobin）与该校汉学暨日文教授古恒（Maurice Courant）联袂来华讲学。次年，又有法国前总理、巴黎大学教授暨中国学院院长班乐卫（Paul Painlevé）率领访问团来华访问。

班乐卫访问团共由5人组成，他们都是当时法国文化界和知识界的著名人士。班氏虽说是一位政治家，自1909年步入政坛后即一帆风顺，历任公共教育部部长、国际技术发明部部长、陆军部部长，并于第一次世界大战最激烈之际（1917）出任法国内阁总理，但他同时也是一位国际知名的学者，在数学、航空学方面享有盛名，著述有200余种。访问团的其他4位成员，也都是法国知识界的精英：波莱尔（Emile Borel）为巴黎高等师范学院院长，同时也是法兰西科学院院士，著述甚丰，较著名的有《函数理论讲义》、《或然率讲义》、《机运》、《航空》等；马丁（Germain Martin）为巴黎大学法学院政治教授，是法律经济方面的专家，他有关经济发展、企业组合、信用贷款等方面的专著均获得很高的评价；那达尔（Joseph Nadal）为铁路矿务总工程师，著有《蒸汽火车头》等论著；勃恩那（Abel Bonnard）为法国文坛知名人士，1906年以诗集《熟悉的常客》获公共教育部全国大奖，1908年又以诗集《王位》荣获法兰西学术院奖，勃氏亦创作小说，曾出版《生活与爱情》、《帕马卡米尼宫》两部脍炙人口的小说，并经常在《费加罗报》、《诗人评论》、《巴黎评论》上发表文学与戏剧评论，是访问团中诗文界的代表。

班乐卫一行于1920年6月22日抵达北京后，广泛与中国政界、文化学术界、实业界接触。6月24日，班氏一行接受交通总长曾毓隽的晚宴。席间，班乐卫致答词强调，此行非仅以个人身份受邀，也获得法国当局的有力支持，旨在加强两国之间的思想和精神上的联系。25日下午，班乐卫由法国公使柏卜陪同，晋见徐世昌总统，双方交谈30分钟。是晚，接受法国公使晚宴，出席者有中法双方名流。席间，班乐卫发言，表示此次访华乃因北洋政府交通部之邀，旨在为促成中国铁路的统合而努力，并希望通过接触，有效地发展两国的文化联系。26日接受徐世昌总统午宴，晚间接受外交部晚宴。

除对中国政界进行礼貌性的拜访及酬酢宴请之外，班乐卫一行还与中国学术文化界进行交流。7月1日，参观北京大学，出席是晚蔡元培校长联合北平各大学校长举行的招待会。7月4日，出席中法协进公会闭幕式，并发表演讲，认为中法文明虽似不同，但精神上、历史上皆无所出入，自当携手同行，相互提携，以求达成一种最高而适用于人类的文明，并表示希望中法学者为此互相传输学问。会上，中方代表萨镇冰、范源濂、郑毓秀也先后发言，对班氏一行来华访问表示欢迎，同时也对班氏致力于中法文化交流事业深表感谢。7月8日，班乐卫又出席欧美同学会、尚志学会等4个社会团体的欢迎茶会。会上，班氏接着蔡元培的欢迎词，就如何弘扬中国和法兰西文化发表意见，他说：中国物质科学不发达，不但蔡先生说，自己也时时研究，这也许是东方文字含混不清的缘故，但这问题太大了，非顷刻间所能回答，希望此后中国的青年能用心研究西洋的文明，法国青年能用心研究东方的文明，而同时都不忘记自己固有文明的长处。他特别强调他此行主要是一次文化之旅，指出：此次访华就是带着沟通两国文化的目的来的，虽屡有机会与政界中人接触，但所注重的仍是学术方面。

对于班氏对中法文化交流事业的热心，以及他在数学领域里的贡献，北京大学首开先例，于8月31日授予班乐卫理学名誉博士学位。蔡元培在授予班氏博士学位的演说词中指出，北京大学首开先例，授予班乐卫博士学位，可特别纪念者有两点：第一，大学宗旨，凡治哲学、文学及应用科学者，都要从纯科学入手。治纯科学者，都要从数学入手。所以各系次序，列数学为第一系。班乐卫先生为世界数学大家，可以代表此义。第二，科学为公，各大学自然有共通研究之对象，但大学所在地，对于其他的社会、历史，不得不有特别注重的任务,就是分工之理。北京大学既设在中国,于世界学者共通研究之对象外,对于中国特有之对象,尤负特别责任。班乐卫先生最提倡中国学问的研究,又可以代表此义。所以蔡元培以为本校第一次授予学位属于班乐卫先生,不但是北京大学至重要之纪念,实可为我国教育界之大纪念。

班乐卫在致答词中,除对这次授予表示感谢外,也表示将来回国之后,必当益谋中法两国文化联系,并指出此次来华的目的,一是将法国学者对于中国旧学的同情带到中国,二是对于中国兴办教育予以帮助。此外,他还代表巴黎大学,表示在促进中法文化交流中承担两项任务,一是为中国人在巴黎设立求学机构,二是筹划在中国设立巴黎大学分部。

除在北京外,班乐卫还访问了天津和上海两地。7月9日,应天津教育、实业两界的邀请,班氏在东马路青年会讲演国民教育方针,大意说:国民教育有三种主义,即平等、自由、博爱。平等者,非富贵的平等,系自治的平等;自由者,非放纵的自由,乃守法律范围以内的自由;博爱者,乃爱有道德、有学问者。此种教育及于中学、小学和教会学校,是为革命教育。中国为文明古国,所办教育为有道德的教育,不仅中国人可保守之,即欧洲各国亦均宜效法。班氏还就如何造就"贯通中西"的学生提出两种办法:一由外国青年教员来华研究中文;二派遣有学识者到欧洲留学研究西文。如此不出十年,必能培养出几百名贯通中西的学人。

对于班乐卫的来访，天津各界曾举办一连串活动表示欢迎，并庆祝法国国庆。首先由北洋政府外交部驻天津特派员予以隆重接待，并邀中欧贵宾参加。7月13日晚，天津租界举行例行的火炬游行，法国商会主席波卜鲁（Poplu）设宴款待。会上，班氏致答词。他说：能够到中国来，这是他年轻时梦想的第一次实现，由于从事科学（数学和航空学）研究的关系，不禁对古老而深邃、至今仍然神秘的中国文明好奇省思，并回忆说，当1912年初民国刚成立之际，在没有任何欧洲国家愿意承认年轻的民国政府时，他即对中国抱有同情和好感，是法国国内积极支持承认民国政府的人士之一。

在上海，班乐卫除接受上海商学交谊会、上海总商会等的宴请款待外，还曾与波莱尔一道，由法商会秘书高博爱（Grosbois）陪同，于9月7日下午参观商务印书馆，并就如何发展中国教育提出三点看法：①保存国粹，必须采用科学的方法，这不致造成机械的心理。②中国学生研究科学，往往到20岁左右才开始用功，此为可憾之事。儿童从12岁起，即当授以科学知识。此时正是儿童脑力发育之际，好奇心强，记忆力好，觉察力敏，此时培养儿童的科学兴趣，授其科学之知识，则中国他日科学人才绝不致有缺乏之虞。③科学教本须结合学子的学问及明悟，此关系到学子从学时的兴趣。9月8日下午，班乐卫又应中国科学社的邀请，发表题为《科学与中国建设之问题》的讲演，表达了他希望中国富强的愿望。他说：此次游期虽促，而感想实多,其最大者,即希望中国渐进于富强之域,以取得其应有之位置。他认为中国人并不缺乏科学的头脑,但缺乏从事科学研究的机会,因此建议中国科学界人士,为研究计,为发展计,必须组织各种团体,群策群力。最后,他再次呼吁中法两国互相提携,为世界和平共同努力。

班乐卫的这次中国之旅,不但增进了中法两国人民之间的了解,而且对促进中法文化交流起了积极作用。受他这次访华的推动,里昂中法大学普获中法两国朝野人士支持,终于如期开学。法方并提议重印《四库全书》,为法国汉学家和学生研究中国文化提供重要资料。此外,还促成法国庚子赔款提前退还,而班乐卫创办主持的巴黎中国学院也获得中国政府精神和物质上的支持,成为沟通中国与西欧文化的桥梁。

4 中国文化在法国

在中法两国文化交流中,法兰西文化对中国的影响远远超过中国文化对法国的影响,但中国文化仍以其根深叶茂持续吸引着法国一些文化人士的关注。

在17、18世纪耶稣会士奠定的基础上,法国的汉学研究不但没有萎缩,反而进一步发展起来。继1814年法兰西学院设立第一个"中国、鞑靼、满洲语言与文学讲席"之后,1843年巴黎东方语言学院又增设"近代汉语讲席",目的是培养在中国经商、传教、宣传欧洲文化与研究中国文学的人才。第一任讲座教授是昂都安·巴赞（Bazin），他曾编写《官话语法》，翻译元曲《窦娥冤》、《琵琶记》等。巴赞去世后，讲席由儒莲继任，他也是法兰西学院中国与鞑靼、满洲语语文学者。儒莲在汉语语法、俗文学、佛经、中印关系史、突厥史料、瓷器制造史等方面都有译作，是19世纪中叶欧洲最著名的汉学家。他翻译的《白蛇传》、《平山冷燕》、《玉娇梨》等影响了戈蒂耶（Gauthier）父女的文学创作。1846年戈蒂耶发表的一篇以中国为题材的故事《水上亭》，就是受了《玉娇梨》的启迪。儒莲还曾与王韬有过来往。

19世纪60年代后，法国在华传教士也在中国设立汉学研究据点，其中最主要的有两个，一在直隶省河间府献县，一在上海徐家汇。在献县的顾赛芬（Couvreur）神甫、戴遂良（Wieger）神甫编译了许多重要工具书，如顾赛芬的《汉语古文词典》（1890）和汉法对照的《四书》、《诗经》、《尚书》、《礼记》、《春秋》、《左传》、《仪礼》，戴遂良的《汉字》、《口语基础》、《近代中国民俗》、《史籍选》、《哲学文选》、《中国佛学》以及近代中国（1911~1932）文献汇编。在徐家汇有费赖之（Pfister）神甫，他以编纂《1552~1773年来华的耶稣会士传记与著作考》（1932~1934）著称。多雷（Dore）神甫编著《中国迷信研究》18卷。

进入20世纪，法国的汉学研究考证更加严密，同时还融入一些社会科学的概念和方法，并增设了一些新的汉学研究机构。1922年巴黎大学设立中国学院，在高等实践研究院第四、五、六三部也开始培养汉学研究人员。另外，卢浮尔学院也设立"远东历史与艺术讲席"。吉美博物馆和赛尔努西博物馆搜集珍贵的中国文物和图书。《亚洲学报》、《通报》和河内的《远东法兰西研究院通讯》均刊载重要汉学论文。1941年在北京成立中法汉学研究院，铎尔孟任所长。他在北京度过将近半个世纪（1906~1954），对中国文学颇有研究。该所延聘中法两国学者多人，重点研究中国民俗学与民间文学，编辑出版中国古籍《通检》，与哈佛燕京学社的《引得》性质相同。1948年该所改名为"北京汉学研究所"，附属于巴黎大学，1953年停止活动。

在20世纪前半叶，对汉学贡献最大的人物有沙畹（E. Chavannes）和他的三个弟子伯希和（P. Pelliot）、马伯乐（H. Maspero）和葛兰言（M. Granet）。

沙畹的研究工作主要在史学方面。1889年他在北京法国使馆任职，开始翻译司马迁的《史记》，1895年至1905年间共出版译文5册，包括原著第1~47卷，约1/3强。1893年任法兰西学院汉学教授，以后转入佛经研究。1907年，他在中国进行古文物考察，特别研究了龙门、云冈的石窟雕塑和泰山的封禅碑刻。沙畹对中国西域的历史语言、中国地理和制图，以及道教都有专著。1917年他在巴黎大学授予徐世昌荣誉博士学位时参与接待，并发表题为《论中国人的道德观念》的讲演。次年去世，年仅52岁。

伯希和主要是文字考证学家，或称语史学家，其研究范围远远超出汉学。他在印度支那开始研究生涯（1900～1904）。1900年被派至北京，适值义和团运动，他参与了"保卫"使馆区的战斗。回到河内法兰西远东学院后，他利用中国史料研究印度支那历史。1906年至1908年参加中亚考古，乘机攫走大量敦煌壁画和文书，开始对这批珍贵文物史料进行整理研究，在考古与艺术史研究方面颇有创见。1911年任法兰西远东学院中亚语言、历史、考古讲座教授。他精通西域与蒙古语，对中国与其他国家关系史特别有研究，包括游记、宗教思想传播、文字对音等方面。在主编《通报》期间（1925～1948），发表许多汉学论文，还有许多未发表的遗稿，死后陆续出版。蔡元培曾于1923年聘他为北京大学考古通讯员。

马伯乐的研究偏重在历史方面，兼及语言学。1908～1920年他在河内法兰西远东学院度过12年，收集了大量民间宗教的资料，包括越南以外的其他民族的资料。通过对印度支那的研究，他开始接触中国历史与语言。1910年发表《唐代安南都护府》一文，接着用比较方法研究东南亚语言。1914年，他到浙江进行考古调查。1920年发表《唐代长安方言》。1921年继沙畹出任法兰西学院教授。1927年出版《古代中国》一书，写到秦统一，是一部政治和制度史，同时涉及宗教和思想史。此后，他在经济史和道教史两方面进行研究。第二次世界大战结束前，他在希特勒集中营被迫害致死。

沙畹的第三个弟子葛兰言是社会学家，早年受到涂尔干学派的影响。1919 年他的博士论文《中国古代的节日和歌曲》出版，从社会民俗的角度对《国风》作了新的解释。他的另一部著作《古代的舞蹈和传说》(1926)，试图重现远古时期的中国社会结构、神话和宗教面貌。此外他还写了两部综合著作——《中国文化》(1929) 和《中国思想》(1934)。蔡元培曾在北京与他会面，有意聘请他在北大任教，葛兰言没有接受。德国入侵法国时，他愤懑而死。

另一位值得一提的汉学家是高第 (Henri Cordier)。他在汉学研究方面作出过两个重大贡献：一是创办和主编《通报》(1890~1925)，这是欧洲研究远东的重要学报；二是编辑《中国研究书目》及补遗，此书汇集了西方有关中国研究的成果，包括论文和专著。

除汉学家外，法国一些文学艺术家也对中国文化情有独钟，一些进步的法国作家甚至对中国人民的正义斗争表现出真诚的同情和支持。前面提到的文学家戈蒂耶，他的诗篇和小说即受到中国艺术品和法国汉学家译作的启发，他还曾三次为国际博览会 (1851、1855、1867) 上展出的中国文物撰写评介文章，对这些艺术品赞誉备至。1863 年，戈蒂耶为他的女儿朱笛特 (Judith) 和爱斯黛尔 (Estelle) 聘请了一位名叫丁同麟 (译音) 的中国老师讲授汉语。朱笛特学习努力，四年后翻译出版了一本中国古今诗选《玉书》，系用散文诗的形式译出，有人称之为"自由诗"的滥觞。它不仅是翻译，而且是再创作，受到凡尔兰 (Verlaine)、法朗士 (France) 等名家的好评。1868 年，朱笛特出版一部纯粹以中国人为角色的小说《皇龙》。她的父亲称它为一部比《萨朗波》更轻松的小说。

在戈蒂耶的影响下，法国作家包括雨果、福楼拜、波德莱尔、龚古尔兄弟、马拉尔美等，都在不同程度上对中国艺术和文化产生兴趣。法国大文豪雨果不但对 1860 年英法联军纵火焚烧圆明园的行径进行了严正的谴责，他本人对中国的漆器与瓷器也十分喜爱。1851 年他的珍藏品因其流放而被拍卖时，他写了一首赞美中国瓷瓶釉彩鲜艳的诗。这首诗写道：

> 来自茶国的处女，
> 在你迷人的梦境里，
> 苍穹是一座城市，
> 而中国是它的郊区。
> 在我们暗淡的巴黎，
> 面额纯洁的少女，你在寻找
> 你的金色蔚蓝的花园，
> 那里孔雀正在开屏，
> 你向我们的天空微笑！
> 一个快乐无邪的孩子，
> 在釉彩鲜艳的陶瓷上，
> 赋予天真的象征——蓝花。

19 世纪末期，来华观光或任职的法国作家增多，其中较著名的有彼埃尔·洛蒂（Loti）、保尔·克洛代尔（Claudel）、维克多·瑟加兰（Segalan）、圣-琼·佩斯

(Saint-John Perse)、安德烈·马尔罗（Malraux）等。

洛蒂的《北京的末日》是他对1900年在北京经历的报导，发表于1902年的《费加罗报》，描述了义和团时期在欧洲侵略者的掠夺和破坏下的雄伟壮丽的北京宫殿园林，仿佛是清政府崩溃前夕的回光返照。但书中对义和团运动颇多歪曲诬蔑。

克洛代尔于1895年到上海，此后14年间在福州、汉口、天津当领事。他学习中文，研究中国哲学，偏爱道家思想。在他的早期作品《认识东方》（1900）中，克洛代尔摒弃那些追求异国风光、鄙视古老文化的滥调，对中国表现出一种朴素的关切和同情，他幻想在亚洲和亚洲事物的表象下找到永恒和自然。在《认识东方》中，他亲切地描绘了中国的建筑、园林和剧院，探讨"空"、"无"的哲理。在瞬息万变的世界里，他试图保留一个不变的中国形象。

诗人瑟加兰在1909～1917年间曾三次来中国，先后寓居6年。他具有多方面的才能和兴趣，对医学、人类学、考古学、艺术史造诣颇深，并作出重要贡献。他曾在天津教医学，在山海关协助防止脑膜炎扩散，在长江上游作水文考察。在中原作长途旅行时，他从古代碑铭中得到启发，写出以《碑》为题的诗篇。这是古代中国文化与诗人思想的融合，反映了他创作中的"中国风貌"。瑟加兰酷爱中国艺术文物，与克洛代尔不同，他对中国文字、文化有精湛而非皮毛的了解；与克洛代尔相似，他也在中国文化中寻求永恒和绝对。

圣-琼·佩斯，原名阿莱克西·圣莱热（A. Leger）。

这位诺贝尔文学奖获得者1916~1921年间在法国驻华使馆任职。他的长诗《阿纳巴斯》就是他在北京西郊一座道观里写成的,带有浓厚的东方色彩。圣-琼·佩斯虽然抱有西方人的成见和优越感,但对中国当时的形势和未来都表现出一定的卓见。他批评他的同僚对中国的变迁和未来的发展认识不足,指出:中国有"成为工业强国而堪与美国媲美的能力"。他预言:中国的社会"还在寻求一个适合于中国的制度,而不是简单地模仿各西方民主大国所特有的制度或政体"。他在当时就看到"马克思和恩格斯的思想正在悄悄地吸引着全部中国青年知识分子","没有任何力量可以阻止中国社会最后走向一种与最正统的列宁主义共产主义相接近的集体主义"。他并预言:农民群众有一天会在中国成为一次大规模革命的基本成分。

马尔罗在1949年之前和之后都来过中国,早年同情越南和中国革命。1928年发表小说《征服者》,以1925年省港大罢工为题材。1928~1931年间,他漫游亚洲,广泛搜集艺术资料,1931年第一次来到中国。1933年出版《人类命运》(一译《人的状况》)。这部小说描写了从1927年3月上海工人第三次武装起义到蒋介石发动四一二反革命大屠杀这段惊心动魄的斗争。马尔罗的这两部小说,尽管与史实有出入,分析问题也存在缺点,但他对中国革命则是持同情态度。他的小说中刻画的中国革命者形象虽有不实之处,但基本上是肯定的。1965年马尔罗以戴高乐(De Qaulle)政府文化部长身份再次访华,他所看到的中国与30年前已经完全两样。

六 中法不平等关系的终结

1 法占中国南海九小岛事件

进入 20 世纪 30 年代后，中法两国间最严重的一次交涉，是法国占领南海九小岛事件。

南海是中国四大海中最大的一个，有大小 280 多个由珊瑚礁组成的岛屿、沙洲、暗沙、礁滩。它们像一颗颗光彩夺目的宝石，镶嵌在碧波无垠的南海上。按其分布状况，南海诸岛共分四大群岛，即东沙群岛、中沙群岛、西沙群岛、南沙群岛。它们从北纬 4°一直延伸到北纬 21°，从东经 109°扩展到东经 117°50′；南北相距约 1800 公里，东西相距约 900 公里，是太平洋和印度洋海上交通的联结点，战略地位十分重要。同时，南海又有着丰富的水产和石油资源。因此，近代以来，一些列强企图侵占我国这片广阔无垠的南海岛屿。

法国是最早对我国南海诸岛怀有野心的国家之一。早在第一次鸦片战争期间，法国军官士思利就向法国政府提出在南海占领一岛屿作为海军基地的建议。19

世纪末,法国侵略者在把越南变为殖民地,并将魔爪伸入我国南方粤、滇、桂三省后,更加把位于南海交通要冲的西沙、南沙群岛作为其觊觎的对象。他们强调西沙、南沙群岛对越南海疆"有极大的战略重要性",说什么外国对这些岛屿的占领,将对法国本身"造成极其严重的威胁",表示决不能"让另一个强国在那里立足"。为此,法国于1897年强迫清政府声明不将海南岛割让他国,同时千方百计寻找侵占我国南海岛屿的借口。在找遍国内材料都没有找到任何能证明我国南海岛屿属于当时法属越南证据的情况下,法国政府便采取非法行动进行侵占。

1925年,法国侵略者偷偷地到西沙群岛进行调查,1926年和1931年法国又派舰到西沙群岛窃取有关资料。1931年12月4日,法国政府乘日本发动九一八事变的机会,居然以越南保护国的名义,突然向中国驻法公使发出照会,歪曲历史事实,声称对西沙群岛拥有所谓"优先权"。1932年3月,法国便公然派兵侵占西沙群岛,在永兴岛上建黄沙寺一间、安南墓一座,妄图作为占领依据。同年6月15日,法国殖民政府印度支那总督竟然发布命令,公然把西沙群岛划入安南承天省。

30年代初,法国在侵占我国西沙群岛前后,又进一步侵占我国南沙群岛部分岛礁。1930年4月13日,法舰"麦里休士"号偷偷测量南沙群岛的斯柏拉脱岛(又称暴风雨岛),并非法插立法国国旗而去。1933年4月6日至12日,法舰"阿斯德拉勃"号及"阿拉特"号与测量船"拉纳桑"号,由西贡海洋研究所所长薛弗氏率领,占领南沙群岛中的安波岛、斯柏拉脱岛、伊都阿巴岛、南伊岛、罗湾岛、兰家岛、帝都岛、南子岛、北子岛等9岛。接着,法国政府又在1933年7月25日政府公报上公然声称,法国已经占领南中国海的9个岛屿,并将其置于法国的主权管辖之下。

当时法国宣布占领的9个小岛,实际上是7个小岛,其中南伊岛实则与伊都阿巴岛相邻,合成一环礁,合称低沙滩,又称铁沙礁;兰家岛则与罗湾岛相邻,合称罗湾礁。

这些岛屿位于北纬8°~11°、东经111°~115°之间,均系珊瑚构成,是南沙群岛的组成部分,自古以来便是中国的领土。它们均由中国人最先发现并命名。据历史记载,中国人早在汉朝就知道南海(当时称涨海)有珊瑚礁。晋朝就有中国渔民前往捕鱼、采集珊瑚的记载。到宋、元时期,中国已将南海岛屿命名为"千里长沙和万里石塘"(今西沙和南沙)。明朝大航海家郑和七下西洋,途经南海,对南海诸岛有进一步的了解。《郑和航海图》中的"万生石塘屿",即今天的南沙群岛。清初《海国闻见录》附图则已将东沙、中沙、西沙、南沙4个群岛分别命名。1933年4月法军占领九小岛时,岛上亦只有中国人居住。当时南子岛上计有中国居民7人,中有孩童2人;帝都岛上计有中国居民5人;斯柏拉脱岛上计有中国居民4人;罗湾岛上则有中国人居住留下的神座、茅屋、水井等;伊都阿巴岛虽不见人烟,但也发现中国船主留下的字条和粮食。其余各岛，虽无人烟，然亦到处可见中国渔人暂住的遗迹。在九小岛上，除中国居民外，并无任何其他国家的人。法国侵略者把占领的九小岛说成是无人之岛，这纯属捏造。

对于法国的侵略行径，中国政府和人民当时就提出强烈抗议。1933年7月26日，即法国发表占领通告的次日，中国政府专电向法国政府提出严正抗议，郑重指出：南沙群岛"仅有我渔人居留岛上，在国际间确认中国领土"。并责问法国政府在公报上宣布占领，"何所依据而出此？"同时，中国政府又致电中国驻法使馆与法国政府交涉，并命令参谋部、海军部和广东省政府慎密调查此事，积极筹措应付办法，以便与法国政府交涉。8月4日，中国政府照会法国驻华使馆，要求法国将所占领各岛名称及经纬度告知中方，并声明在对事实进行充分调查以前，保留对法国所谓"占有"九小岛提出看法的权利。不久，中国政府又向法国政府提出正式抗议，谴责法国侵占我国南沙群岛的无理行径。

与此同时，我国西南地方政府以南沙群岛系属西南地方政府管辖范围，也作出强烈反应，命令有关部门展开调查，搜集证据，并多次召开会议，要求中央政府向法国交涉，收回九小岛。西南地方政府指出，法国侵占的诸岛为琼岛咽喉，若不收回，不但影响我国渔业，且有丧国权。在上报中央政府的调查报告中，西南地方政府以事实证明法占九小岛系中国领土，指出："该九小岛在琼崖之南，确属中国领海。闽粤渔民，每岁轮流前往，借作捕鱼根据地者，有数百人。惟因四面均属咸水，饮料缺乏，到此者均需携水而往，故不能久居，均属流动性质。……岛上居民，言语习惯，均与琼人无异。该岛渔利，琼崖渔民每年春季必有数十只捕鱼帆船，自琼崖出发到该岛捕鱼，及至残秋，乃满载而归。"此外，西南地方政府还一面对九小岛的中国渔民作出安置，一面向驻粤法领事抗议。

除中央和地方政府作出反应外，全国各地工会、农会、船员、渔民及琼崖旅京同乡会等群众团体也纷纷致电，要求中央政府抗议法国的侵略行径，维护祖国领土完整。1933年8月3日，琼崖旅京同乡会集会，一致主张通电全国，揭露法人侵略阴谋，同时推举代表郑爱柄等十余人，往国民党中央党部、中政会及外交部请愿。9月1日，广东琼东草塘港渔民亦发表《申诉占珊瑚九岛书》，声讨法国强占南海九岛。上海总工会也致电国民政府外交部，声援西南人民要求收回领土的请愿。电文称："报载法政府于上月25日，公然占据我粤南九小岛，消息传来，同深愤慨。查该九小岛，业由粤省府查明，系在琼崖之南，确属我国领土，且位于菲岛及安南之间，水产丰富，夙为我民卜居之地，而于交通国防关系尤为重大。今法政府希图染指，为此迫切电陈，复乞迅向法政府严重交涉，以杜觊觎，而保领土。"浙江省宁海县农会也致电国民政府，表示：法政府占据我小岛，日本乘机声言其既得之权益，消息远递，不胜惊讶。该岛为我国领土，有闽粤同胞在此经营生产者数万千人可证……本会谨率全县20万农民誓为后盾,敬祈从速力争,保持领土而固海防。绍兴县商会则在致电中详细论述收回九小岛的理由。电文说:"上月25日法政府正式宣布占据我国属地之九小岛。查我国南海领域,东起台湾海峡,东南界于菲律宾,西至麻剌甲(马六甲——引者注)半岛附近,和琼邑海南岛而南及于西沙群岛,无一不为我国版图,所有的地理志上有明显之界线,讵容侵入。今法新占据之九小岛,既位于琼邑之南,菲律宾与安南之间,其为我国领土毫无疑义。且其地周围,水产甚丰,我国闽粤渔民栖集其地而营生者,高达万数千人,事实更足以证明为我国领土。至以交通论,则为香港、南洋间航行之要冲。以国防论,又为往来欧亚两洲航机必经之道,有关军事商业拓殖诸要政至深且巨,乃法政府……突然占为己有,非特违反国际公法,而且破坏我国之完整。此例一开,国将不国,应请钧府严重交涉,誓必保此领土,以巩海疆……"此外,浙江鄞县民船船员工会、上海缫丝产业工会等团体也纷纷致电,声援政府与法交涉。

然而,法政府却无视中国政府和人民的抗议,不仅不退出九小岛,反而趁中国忙于应付抗日战争之际,又于1938年7月3日侵占西沙群岛。对此,中国外交部于7月18日训令驻法大使顾维钧立即向法外交部抗议,重申中国对西沙群岛的主权。

不久,南沙、西沙群岛又为日本占领。直到抗战胜利,中国政府根据《开罗宣言》和《波茨坦公告》精神,于1946年冬收回南海诸岛(包括上述九岛),

六 中法不平等关系的终结

在岛上举行隆重的接收仪式，并立碑纪念，派兵驻守。1947年中国政府重新命定并公布了南海诸岛的地名。这样，一度被外国非法侵占的南海诸岛又重新回到中国政府的管辖之下。

中国与法国维希政府断交

1937年七七事变爆发后，随着日本帝国主义发动全面侵华战争，中法两国的关系也进入一个非常时期。为阻止和抗击日本的侵略，中国政府在积极争取美、英、苏等国支持的同时，也谋求法国的支持。而法国政府则从自身利益出发，对中国的抗日战争虽表同情，但并未予以有力的支持，待维希政府建立后，竟然完全屈服于日本的压力，以致中国与法国维希政府断交。

七七事变发生后，中国政府即训令驻美、英、法、德、苏等国大使往访驻在国外交部，递交备忘录，指出日本在卢沟桥的行为系侵犯中国主权，违背《九国公约》、非战公约及国联盟约，如听其自由发展，不独扰乱远东和平，且将影响世界其他各处。同时表示中国将全力保卫疆土与国家尊荣，但亦准备以和平方式与日本解决争端的基本立场。

根据中国政府的指示，7月13日，驻法大使顾维钧访晤法国外长德尔博斯（Delbos），陈述日本侵华的具体情形及严重性，询问法国政府能否赞助中国政府援引《九国公约》第十七条规定，将日本侵华事件诉诸国联。法国外长虽然认为形势确属严重，中国决心抵抗侵略实属正当，但同时表示法国政府对日本侵华事件，待转商英、美政府后，再共同向中日劝告停战，从事和平商议，并说为避免日方误会，必对中、日一律看待。对于诉诸国联一事，法国外长当时认为甚属正当，表示与阁僚商议后再作正式答复。

7月15日，顾维钧再次拜会法国外长，希望法国政府帮助解决中日冲突。法国外长则回答说：法国政府主张英、美、法三国联合向中、日劝告，并愿居间斡旋，连日来以此与英、美接洽，但美主张分头单独劝告，英亦如是办理，故法亦只能照办。至于诉诸国联一事，法外长改变前一次的态度，认为不易见效，理由是值此欧洲大局未定，国联无能为力，建议中国政府援引《九国公约》与美一致行动更为合宜。

8月13日，淞沪战争爆发后，法国政府也不敢得罪日本，极力避免卷入中日纠纷，对上海战事，除派遣军队来沪保卫租界及其侨民安全，并赞同英国提出的上海中立区的提议外，并无其他表示。

法国政府对日妥协的态度，在中国政府提出的假道越南运输、军火供应与军事合作等一系列问题上也明显地表现出来。

抗战爆发后不久，针对日本封锁我国东南沿海，中国政府即向法国当局提出假道越南运输问题。8月上旬，顾维钧陪同国民政府特使孔祥熙往访法国总理萧洞（Camille Chauternps），提出假道越南一事。而萧洞则以军用品供给与运输，涉及中立问题，恐引起对日纠纷，表示要从长考量；又说滇越铁路系单轨，实际运输量恐有限，仍需殖民部研究。此后，法方对假道一事始终未作出积极反应。在中方的一再催促下，10月17日，法内阁会议却议决，军火运华，无论为国有或私有，均可照准，但假道越南转运一节，则在禁止之列，并声明因担心日本轰炸交通机关，不得不如此决定。

鉴于法方的这一决定，顾维钧第二天即前往法外交部交涉，并面递备忘录，历引滇越铁路合同第23、24条，中越专约第6条，证明军火假道为条文所规定，并引当年国联通过的决议，要求法国政府对假道越南问题重新考虑。法外交部次长则解释说，法国政府自中日冲突以来，对华在国际上或在国联，或在供给材料方面，屡有友好的表示，此次限制假道实出于不得已，因为：①英、美、苏均不举动，法如单独假道，必引起日本报复；②假如日本轰炸滇越铁路，法国资本将受损害；③如越允假道，日本必侵占海南岛、西沙岛以相威胁。说到底，法国政府限制假道，主要是从自身利益考虑，不敢得罪日本。

在中国政府的一再交涉下，至1939年1月法国政府才在假道问题上改变态度，答复中方对越南运输允予便利，凡军火各货抵海防后，即视同法货由军队代运。但到9月欧战爆发后，法国政府又转而与日妥协，法越当局对华货经越转运，更多顾忌，至1940年6月德国占领巴黎，法国政府在日本政府的压力下，于20日下令完全停止中越运输。

同样，对于中方提出的军火供应、派遣军事顾问等事，法国政府也态度消极，唯恐得罪日本。1937年8月上旬，当顾维钧往访法国外交部，询问物质援华可能性时，法国外交部次长明确表示，因欧洲局势十分严重，目前无法接济，并说："中国所需军器，尤其大炮，旧式无济于事，用新者，法自感觉不敷。"后经中方积极争取，法国国防部、参谋部才原则上同意秘密接济中国；中国政府则允以钨、锡矿等原料换取法国军用品，或通过军械借款的方式，订购法国军火，分期偿还。1939年2月间，驻苏大使杨杰在巴黎与法国当局达成一笔军械借款，金额为4000万镑，年息五厘半，分六年付清，中国以金属原料及商品抵偿，借款悉数用以购置军械，一年内分批运华。

在派遣军事顾问问题上，法国起初也只同意派遣后备军官来华，以免日本诘责，后来在英美的建议下，才于1939年初密派现役军官白尔瑞（Berger）将军等9人来华担任顾问。这批法国军事顾问自1939年4月到任后，即被分到陆军大学，中央军校，步、炮兵等学校及空军部队担任教官，或派至战区协助部队督导训练，策划作战。但9月欧战爆发后，法国政府便不顾中国政府的一再挽留，将他们召回国内。

此外，大战爆发之前，中国政府还就与法国联合抵制日本南侵作过努力，但也因法政府无意而作罢。1938年春夏，中国政府鉴于日军终必南进，提议中法两国联合防止日军侵占海南岛及遏制日军扩充在华军事占领区，但法国政府并不愿意与中国联合，表示对日军欲占领海南岛事，法国政府只能以外交方法设法劝阻。到1939年初，中法双方虽然就军事协防越南一事有所接洽，但由于法国更多考虑自身利益，在军火供给、假道运输、贷款等方面不能满足中方的期望，终未达成协议。

1940年6月法国战败，迁都维希。维希政府更是倒向日本一边。维希政府不但于6月20日下令停止中越运输，而且还于9月22日与日本订立协定，允许日军利用北越富寿、老街、嘉林等三处机场，名义上允许6000名日军在海防登陆，但实际上日军在签订协定的当天即不遵守协定，计有3万日军入越，并将其司令部设在河内。而法国维希政府在与日本签订协定的同一天，又对中方进行恫吓，向中国驻法大使馆表示：希望中国军队不要入越，否则越必抵抗，甚至联合日本共同对华。

对于法国维希政府这一极不友好的行动，9月25日，驻法大使顾维钧代表中国政府提出严正抗议，谴责维希政府的行为破坏中法条约，违背国际公法，实系敌视中国的行动。同时表示，中国政府对日军出现于印支边境附近及利用印支作为对中国作战的军事基地一事，保留采取一切必要自卫措施的全部行动自由，并声明由此产生的一切后果，均应由法国政府负责。

然而，维希政府的反华行径并未有所收敛，为维护其对越南名义上的统治，继续与日本签订一系列协议。1941年5月6日，法国驻日大使阿尔塞纳·亨利（Charles-Arsène Henry）与日本外务大臣松冈洋右在东京签订《法国和日本关于在法属印度支那居留和航海专约》，给予日本在印度支那以许多经济特权，包括向日本提供最惠国待遇。这一协定使日本企业家得到了先前外国人得不到的从事企业活动的许可，并赋予日本人从事农业和采矿业、租让以及利用印度支那丰富的水力资源的权利。协定还规定建立法日合资公司，其中日资份额可达到50%。协定在粮食储备和使用战略物资方面为日本提供便利，由法国殖民当局向日本提供大米、橡胶、煤及各种矿物以换取日本的工业品；同时对日本商品的关税率也降至最低限度，其中10种商品完全取消关税。1941年7月29日，维希政府又与日本签订《法国和日本帝国关于共同防御法属印度支那的议定书》，约定两国政府相互保证在军事上的合作，以共同防御法属印度支那，声明日方尊重法国在远东的权利和利益，特别是法属印度支那的领土完整和法国对于印度支那联邦全境的主权权利，法国则允诺对于印度支那决不同第三国缔结任何规定政治、经济或军事合作来直接或间接对抗日本的协定或谅解。1943年3月4日，法国驻印支总督德古（Jean Decoux）海军中将又与日本签订修改1941年5月6日专约协定，给予日本以更广泛的经济特权，其要点如下：①对持有日本护照拟进入印度支那的日本国民，法国应毫无稽延地给予签证。②日本国民应和法国国民在平等的基础上从事工业和农业，日本政府有权以"军事理由"取得印度支那一切农业、矿业或其他的租让权。③取消在印度支那的日本企业所雇佣的日籍人员的百分比。④日本人在北越和南越有权取得不动产，同法国国民一样。⑤印度支那和日本以及上海间的产品交换应予管制,其办法另议。⑥关于日本以"军事理由"需要印度支那的产品,法国应给予生产、分配和输出的优惠和便利;同样对于日本所需的外国产品,法国也应给予在印度支那的过境便利。通过这一系列协定,印度支那在名义上仍然是法国的殖民地,但实际上已成为日本在东南亚的军事基地和战略物资供应基地。

与此相一致,法国维希政府始终借口中立,坚拒中国军队入越。1943年1月,法国维希政府要求中国撤回在法使馆人员。2月,又纵容日军侵占广州湾,并不顾中国政府一再提出的声明——汪伪政权为傀儡政府,它与任何国家签订的任何协定均为无效,将北平、天津、上海、汉口、广州等处法租界交归汪伪南京"国民政府"。

鉴于法国维希政府在中日战争中完全倒向日本一边,1943年8月1日,中国政府正式发布宣言,宣告自即日起,与法国维希政府断绝外交关系。

3 中法不平等条约的废除

中法不平等条约始于1844年的《黄埔条约》。中法不平等条约的废除,则与中国近代废除不平等条约运动相始终,经过了一段漫长的历程。

废除不平等条约的要求,早在清末就已提出。1902年、1903年,清政府在中英和中美商约谈判中,就提到待中国律例及其审断办法臻于完善,英、美即应允放弃治外法权。后来，北洋政府在巴黎和会和华盛顿会议上进一步提出废约的具体要求和主张，但由于当时中国国力衰弱，政局动荡，终未取得明显效果。

　　废约运动取得重大进展，则是在国民政府时代。在中国共产党的推动和合作下，1924年召开的国民党第一次全国代表大会发表的对外政策宣言，第一条便是废除不平等条约。1927年4月南京国民政府成立后，外交政策仍以取消不平等条约及争取国际地位的平等为主要目标，一再郑重声明，历届北京政府与各国所订各种不平等条约已无存在的理由，当由国民政府以正当手续废除，另订新约。1928年6月，北伐告成后，南京国民政府又于7月7日发表关于重订条约的宣言，声明：①中华民国与各国间条约已期满者，当然废除，另订新约。②其尚未期满者，由国民政府以正当手续，解除重订之。③其旧约业已期满而新约尚未订立者，由国民政府另定临时办法处理一切。

　　当时条约已期满者，计有丹麦、西班牙、葡萄牙、比利时、意大利、法国和日本7国。根据1928年7月7日重订条约的宣言，外交部分别照会上述7国驻华公使，进行废止旧约另订新约的工作。7月10日，外交部长王正廷照会法国驻华公使，表示中法越南商约包括章程、专条及附章应自7月7日（废约宣言发布的同日）起概予废止，由两国各派全权代表以平等及互尊主权为基础，另订新约。法使接到外交部废约通知后，即电本国政府请示。在此之前，国民政府于7月8日在南京与法签订《关于上海法租界内设置中国法院

六　中法不平等关系的终结

的协定》,收回上海法租界会审公廨的法权。协定规定:①废止法租界会审公廨,中国政府在租界内设置地方法院及高等法院分院各一所,在应用中国法律章程的同时顾及租界行政章程。②由中国政府任命检察官,依中国法律行使职权。③法国及外国律师应遵守中国法律。④中法双方各派常驻代表二人,调节关于解释协定所发生的争执。

但废约改订新约的工作并不顺利。由于日本带头抵制,法、丹、西等6国也持观望态度,不肯切实修约。后由美国带头修正部分不平等条约,承认中国关税自主,英、德、荷、瑞(典)等国也仿效美国相继与中国订立关税条约,比、意、丹、葡、西5国则与中国缔结友好通商条约,不但承认中国关税自主,且进一步取消在华领事裁判权。在这种情况下,法国政府也就关税问题与中国谈判,于12月22日签订中法关税条约,规定:①所有中、法两国间签订有效条约内所载关于在中国进出口货物之税率、存票、子口税以及船钞等项之各条款,应即撤销作废。对于关税及其相关事项,此后应适用完全自主原则。两缔约国对于上述及其相关事项,在彼此领土、属地、殖民地及保护地享受之待遇,不得次于任何他国实际上享受之待遇。②此缔约国在本国领土、属地、殖民地及保护地内,不得以任何借口,向彼缔约国人民所运输进出口货物,征收高于或异于本国人民或任何他国人民所完纳之各税。

然而,在缔结关税条约时,法方又不愿无条件承认中国关税自主，在附件内，要求中国政府应允以下三事：①在越南边境虽行将施行中国新税则，但在越南商约未修竣以前，对于越南进出口货物之减税成数仍维护现状。②中国应废除厘金。③中国应以关税之一部分，保证偿付法国之某种借款。

接着，中法双方就废止中法越南商约、改订新约问题举行了谈判。经过多次交涉，1930年5月16日，王正廷和法使玛德分别代表中法两国政府，在南京签订《中法越南专约》，其要点有以下4个：

(1) 关于废止旧约。条约规定，1886年4月25日在天津订立的《中法陆路通商章程》、1887年6月26日在北京订立的《续议商务专条》、1887年6月23日在北京互换的关于《续议商务专条》的换文及1895年6月20日在北京订立的《商务专条附章》，一律废止，终止其效力。1885年6月9日在天津订立的《中法新约》第四、五、六条内所载各规定亦一概废止。

(2) 关于派驻领事。条约规定，中国政府得在越南的河内或海防及西贡派驻领事，法国政府得继续在广西之龙州，云南之思茅、河口、蒙自派驻领事。

(3) 关于在越华侨的待遇。条约规定，关于法制管辖及民事、刑事、税务以及其他各项之诉讼程序，在越南的中国人民应享有与任何他国人民所享受的同样待遇。在上载中国各地点之法国人民，亦享受同样的待遇。

(4) 关于关税问题。中国政府在云南、广西、广东三省，法国政府在越南境内，不得以任何借口对法国或中国人民彼此输入、输出之货物，征收较高或异于其本国人民或任何他国人民所应纳之消费税或内地税。中国货物，取道北越，输出或输入云南、广西、广东三省时，均应享受优越待遇，普通税则内之通过税不适用之，上项货物仅照值百抽一纳税。凡中国政府所装运的一切军用物品以及军械、军火，通过东京境内时，均应免纳任何税捐。

通过上述修约活动，中法之间的不平等关系一部分得以废除，但这一进程不久便因日本发动九一八事变而中断，直至40年代抗战结束前后，中法两国废除旧约改订新约的工作才告完成。

第二次世界大战期间，鉴于中国在反对日、德、意法西斯战争中所作出的巨大贡献，1942年10月10日，美、英两国同时宣布放弃不平等特权，并于翌年1月11日率先与中国订立平等新约。此后，其他各国也相继与中国订立新约，放弃在华特权。但中法两国的不平等条约，则因当时法国维希政府的不友好行动，由中国政府宣布废止。

1943年2月，日军进占法国在中国的租借地广州湾，并声称日本陆海军部队是在获得法国政府完全谅解后进占该地的。鉴于法国政府擅自允许第三国占领广州湾的行为违背了1899年中法《广州湾租界条约》的规定，中国政府依照国际法惯例，于同月22日照会法国政府，宣布废止中法《广州湾租界条约》，收回广州湾租借地。照会指出：查广州湾系中华民国领土，1899年11月6日中法《广州湾租界条约》第一条明白声明保留中国对于该地的主权，故非得中国政府的同意，法国不能片面容许第三国占领或使用该租借地，尤不应将其交与中国之敌国。此次日本占领该地，不论法国当局以前曾否与日方签署协定或达成谅解，法国当局于日本海陆军进入该地时全不抵抗，事后亦无抗议，且事前事后皆未将经过情形通知中国，故1899年中法《广州湾租界条约》已失其效力。中国政府特向法国政府郑重声明保留必要适当措置以保领土主权之行动自由，及向法国政府要求赔偿损失之权。

同年5月，针对法国维希政府不顾中国政府的严正声明，与汪伪政权签署协定，将北平使馆界、上海公共租界和厦门公共租界行政权及天津、汉口、广州等处法国租界移交汪伪政权，中国政府又于19日向维希政府驻华大使递交照会，提出强烈抗议，并声明鉴于法国政府的非法行为，法国依照中法不平等条约取得的特权已归消灭，中国政府不再受其拘束。8月1日，中国政府在宣布与法维希政府绝交的同时，再次重申法国根据不平等条约取得的各项特权一概废止。

对于中国政府的这一声明，法国戴高乐政府（中国政府在与维希政府断交后，于同年8月27日正式承认由戴高乐在北非领导的法国国民解放委员会为法国的合法政府）的态度是，一方面认为法国维希政府的行为应为无效，一方面又认为依照国际公法、国际条约，中国政府不能单方面宣布取消法国基于不平等条约取得的各项特权，但在政策上认为此等特权应予放弃。1943年8月19日法国国民解放委员会在阿尔及尔曾通过决议称：解放委员会一经中国政府承认，即考虑修改过去法国在中国保存的特权。

基于这一立场，1945年8月30日，法方正式向中方致送"中法关于法国放弃在华治外法权及其有关特权条约"约稿一种，共计11条，除文字间有出入外，内容大致仿照中英新约。中国政府虽然于两年前已宣布废止中法不平等条约，但为向法国表示友好，最终正式结束中法旧日关系，允予商谈，并即参照我国与各国此前所订新约的规定，拟具对案向法方提出。中法双方的谈判至为顺利，本来于当年年底即可签字，但由于当时中法双方在同时进行的关于中越关系协定谈判上存在一些分歧，结果待至中法关于越南问题谈判解决后，才于1946年2月28日在重庆签订《中法平等新约》，同年6月8日互换批准书生效。

《中法平等新约》共13条，内容基本与中英、中美新约相仿，其中规定：法国正式放弃在华领事裁判权及辛丑条约所给予的权利，并同意将北平使馆界、上海和厦门公共租界行政权，以及上海、天津、汉口及广州法租界交还中国政府。法国放弃在华通商口岸，在上海、厦门公共租界及上海法租界内的特别法院；放弃在华领土内各口岸雇用外籍引水，法国军舰驶入中国领水，法国船舶在华经营领水内沿海贸易及内河航行和要求在华邮政机关内任用法国人的一切权利。新约第十二条还规定：双方同意凡本约未涉及的问题，如有影响中国主权时，应由中国政府与法国政府代表会商，依照普遍承认之国际公法原则及近代国际惯例解决之。

至此，中法不平等关系在经过 100 多年后宣告结束。

1949 年 10 月中华人民共和国成立，中法关系掀开了新的一页。

七 中法从对抗走向建交

20世纪50年代初的中法对抗

随着1949年10月中华人民共和国的成立,中外关系翻开了新的一页。为了同旧中国的外交一刀两断,维护新中国的独立和主权,新成立的中华人民共和国从一开始就庄严地向世界宣告:废除旧中国的一切不平等条约,将在平等、互利及相互尊重领土主权的基础上,与一切爱好和平和自由的国家和人民恢复和发展外交关系。法国作为西方资本主义国家之一,在50年代初并不甘心放弃殖民主义立场,对新中国采取了敌视态度,中法两国关系也因之中断。

50年代初,法国在外交方面很大程度上失去了独立性,唯美国马首是瞻。反映到对华关系上,法国追随美国,实行亲蒋介石国民党政策,拒绝承认中华人民共和国。在朝鲜战争爆发后,法国又跟着美国对新中国进行封锁、包围,并不顾中国政府的多次严正声明,派出一营兵力参加所谓的"联合国军",供美国驱使。同时,在恢复中国在联合国的合法地位问题上,法国也追随美国，多次投反对票，阻挠中国恢复合法地位。

鉴于法国政府在中华人民共和国成立之初对新中国采取的不友好态度，中国政府也根据自己的外交方针，毫不客气地清除法国在华的政治和经济上的各种特权，以及文化教育上的影响。中国政府宣布，在尚未与中国正式建立外交关系并互换外交使节之前，对尚留在中国的前外交人员，中国政府将不承认其合法性，均作为外国侨民看待。据此，法国驻华使馆和和各地领事馆的外交人员也就失去了外交人员的资格，在人民解放军到来时，只好悄然离开中国。1950年1月，北京市军管会又断然收回法国兵营的地产权，征用兵营和其他建筑。同年9月，上海市军管会也采取行动，收回法国兵营。1953年11月2日，中国政府又将上海法资电车、电灯公司这两家同上海人民生活关系重大的企业收归国营，代管其全部财产。1950年11月，中国天主教知名人士也发表"天主教自立革新运动宣言"，宣告摆脱法国天主教会的操纵和影响，走独立自主的道路。

不过，在50年代初，中法更严重的对抗是在印度支那问题上。第二次世界大战结束后，法国在美、英等国的支持下，重新出兵印度支那。至1949年春，法国在越南的总兵力已超过13万人，控制了越南的大部分地区，将胡志明领导的越共武装逼到中越边境的山区，对中国南方边陲的安全构成重大威胁。新中国一诞生，就坚决支持越南人民的抗法斗争。1949年12

月，越共中央代表李班和阮德瑞分别来到北京，代表越南民主共和国请求中华人民共和国支援越南抗击法国殖民主义者。中共中央在研究后迅速作出决定，派中央军委办公厅主任罗贵波前往越南任中共中央联络代表，了解越南抗法斗争的情况。

1950年1月下旬，越共中央主席胡志明又亲自来到北京。他受到党和国家领导人刘少奇、朱德、聂荣臻等人的热情接待，刘少奇并告诉胡志明，中国已决定承认越南，支持越南获得国际地位。2月初，胡志明又前往莫斯科，与正在苏联的毛泽东、周恩来会谈。在莫斯科，经磋商，中苏两党达成一致意见，决定由中国负责援助越南的抗法斗争，苏联援助中国的建设。2月17日，胡志明与毛泽东、周恩来同车回到北京。途中，就中国向越南援助方式问题进行了会谈，毛泽东答应胡志民，中国将向越南派遣军事顾问，并提供武器装备。

在中越两国领导人会见后，中国对越南的援助很快一一付诸实施。1950年春，越军第一个正规师308师进入我国云南文山地区，由中国人民解放军第13军负责整训；另一支越军主力174团和209团则进入广西龙州地区，由广西军区负责整训。所有受训越军在进入中国境内时，都将自己使用的武器留给国内越军，他们则装备由中国人民解放军从国民党那里缴获的最新美式武器。同时，中共中央及时组织顾问团入越，顾问团团长为韦国清将军。1950年6月，毛泽东、刘少奇、朱德在中南海亲自接见赴越顾问团团以上干部。

7月中旬，顾问团在广西南宁集中。8月12日，中国军事顾问团顾问79人，随行工作人员250人，进入越南。中国顾问团入越，对推动越南人民的抗法斗争起了十分积极的作用。1950年7～11月间，陈赓司令员亲莅前线，协助组织越军发动边界战役，打破法军在中越边境的封锁线。1954年春，韦国清将军又协助越方组织抗法战争决定性一战——奠边府战役，共歼灭法军精锐部队1.6万余人。

法国在印度支那军事上的失败，迫使法国政府不得不考虑结束这场战争，撤出印度支那，以便腾出力量来维护其在欧洲和北非殖民地的地位。1953年10月，法国议会作出决定，"用一切可能办法通过谈判谋取在亚洲的和平"，以从印度支那脱身。

对于法国政府愿意通过谈判解决印度支那问题，中国政府持积极态度。1954年1月9日，周恩来总理发表声明，主张召开由中华人民共和国和苏、美、英、法参加的五大国会议，指出："亚洲方面一些迫切的国际问题，正如欧洲方面一些迫切的国际问题一样，已经发展到了必须由各有关大国举行协商来加以审查和解决的阶段"；"我们认为，由即将在柏林召开的四国外长会议，导向有中华人民共和国参加的五大国会议，来促进迫切的国际问题的解决，将会有利于缓和国际紧张局势及保障国际的和平与安全。"同年5月，在日内瓦会议讨论印度支那和平问题时，中国代表一方面支持越南民主共和国提出的一些合理提议，如法国承认印度支那三国（越南、老挝、柬埔寨）的主权和独立,并在印度支那三国分别举行自由选举,在各该国成立统一政府,选举前应撤出一切外国军队等,同时,中国代表为印度支那问题的和平解决做了大量的工作,作出巨大的贡献。

在日内瓦会议讨论印度支那问题过程中,首先在关于印度支那政治问题的解决上发生争论。越南民主共和国、中国和苏联从会议一开始,就认为印度支那问题的解决应该包括军事和政治两方面,只有这两方面的问题都解决了,才能真正恢复印度支那的和平,而所谓的政治问题,就是印度支那三国的独立和通过自由选举恢复统一。但法国政府刚开始时在美国等国的怂恿下,坚持军事和政治分开,主张日内瓦会议只讨论军事停火问题,不讨论政治问题。会议因此陷入僵局。为谋求会议取得进展,中国代表在5月27日的第7次限制性会议上建议根据双方共同点先达成协议,以便作为进一步商谈的基础,并提出"关于在印度支那停止敌对行动"的6点建议,主张在印度支那全境同时实现完全停火,双方就有关占领区和军事集结区等问题进行直接谈判,停止从境外运进部队和武器,成立监督停火的机构,并由中立国委员会进行国际监督,互相释放战俘和被拘留的平民,日内瓦与会各国负责保证协定的履行。中国代表团的这一建议推动了会议的进程,经会外中苏代表和英国代表的秘密交谈和9国〔中、苏、美、英、法、越南民主共和国、越南共和国(即南越)、老挝和柬埔寨〕代表团的准备会议,在5月29日的第8次限制性会议上又通过了英国关于越法双方司令部代表会晤以研究停火后双方军队部署问题的建议。从5月31日起，日内瓦限制性会议进入停战监督问题的讨论。自6月2日起，越法双方军事代表团也在日内瓦举行正式会谈。后来，有关印度支那的政治问题，在中国代表的协调下，法国方面作出"让步"，来换取越南民主共和国方面在划分集结区问题上所作的让步。

日内瓦会议讨论印度支那问题过程中遇到的另一个障碍，是关于老挝和柬埔寨的停战问题与越南停战问题的联系和区别。会议一开始，越南民主共和国就提出：老挝问题和柬埔寨问题应该作为整个印度支那问题的一部分加以考虑，必须根据同样的原则、方法和程序，同时在印度支那三国停止敌对行动，恢复和平，但法国、美国、英国则坚持不讨论老、柬两国的停火，强调对老挝和柬埔寨问题应该单独处理，在这里只有越南民主共和国部队的入侵而不存在当地抗战力量，停止敌对行动就是要越南民主共和国部队撤退，不存在划分双方部队集结区的问题。在这个问题上，中国代表一方面坚决反对将老挝、柬埔寨问题与越南问题分开解决；另一方面，为打破会议僵局，推动会议取得进展，中国代表又主张老挝、柬埔寨问题解决方法应与越南有所不同。6月15日，中国代表就此问题与越、苏代表商量对策，周恩来总理建议越南民主共和国确认确有志愿军进入老挝和柬埔寨作战，答应按照撤退一切外国军队的办法办理，指出：目前谈判的关键问题是越方是否承认有越军在老挝、柬埔寨；

如越坚决不承认,则老挝和柬埔寨问题无法谈下去,越南问题也将受牵连而无法谈下去。在16日下午的会议上,周恩来又提出关于老挝、柬埔寨问题的新建议。该建议充分考虑到有关国家在这个问题上的立场,既坚持老挝和柬埔寨境内停战应与越南的停战同时宣布,同时又注意到三国的区别,如:在建议研究老挝和柬埔寨两国本国的敌对军队的部署问题时,就没有明确地说要划分集结区;在主张国际监察委员会在老挝、柬埔寨执行其监察任务时,没有要求在这两个国家如同在越南那样成立由双方代表组成的联合军事委员会。并且,新建议主张一切外国军队撤出老挝和柬埔寨,其中自然也包括可能进入这两国的越南志愿人员。中国代表的这一建议受到除美国以外的与会国代表的欢迎,为会议解决老挝和柬埔寨问题奠定了基础,在中国代表卓有成效的工作下,围绕老挝和柬埔寨的僵局也被打破,会议情况显著好转。6月19日,会议通过了法方提出的关于在老挝、柬埔寨停止敌对行动的协议,双方军事代表开始在老挝、柬埔寨军事问题上进行直接谈判。

日内瓦会议在讨论印支问题的过程中所遇到的第三个严重分歧,是关于在越南划分集结区问题。越南民主共和国和法国从一开始就同意在越南停战后双方的部队分别集中到协议的集结区,后来又同意越南民主共和国的部队都集中到越南北半部,而法国和南越的部队都集中到越南南半部。但南北两集结区的分界线究竟在哪里,双方各执己见:越南民主共和国主张以北纬16度为界，法国则主张以北纬18度为界。为解决这个问题，周恩来做了大量的工作。6月23日，周恩来在瑞士首都伯尔尼与主张早日和平解决印度支那问题的法国总理孟戴斯·弗朗斯会晤，就南北越临时分界线问题交换意见。7月3日至5日，周恩来又在广西柳州会晤越南民主共和国主席胡志明，就恢复印度支那和平问题交换看法，仔细研究了下一步谈判的指导思想和具体方案。越南劳动党中央还以"七·五文件"的形式把柳州会议的精神发给在日内瓦的越南民主共和国代表团团长范文同执行。文件明确要求范文同在谈判的指导思想上应采取积极推动的方针，不应消极等待。有关南北划界问题，文件指出，在越南争取以16度停战，但考虑到16度线上的9号公路是老挝出海的必经之地，法方可能不会让步，因此可在16度线的基础上再作若干小调整。

然而，范文同在接到指示后，仍不愿放弃16度以南己方的控制区，迟迟不按"七·五文件"精神向法方提出新建议。而法国新总理孟戴斯·弗朗斯6月17日组阁时许诺的"4周内若实现不了和平便辞职"的最后限期已越来越近。美国又一旁施加压力，法国主战派也在积极活动，谈判随时有逆转的可能。在此关头，周恩来坚决主张拉孟戴斯·弗朗斯政府一把，以孤立美国和法国的主战派。为此，周恩来在7月12日回到日内瓦后，就毅然决定以越中苏三党中央共同的意见来与范文同交谈。当晚，他与范彻夜长谈，以朝鲜战争为例，说明美国干涉的严重性，并结合中国抗战时期"皖南事变"的教训和日本投降后我及时撤出苏南以加强东北和山东的经验,说明退与进的辩证关系。范最后同意第二天按"七·五文件"指示精神向孟戴斯·弗朗斯提出我方新建议。为使这个问题圆满解决,周恩来同时又做法方工作,在范文同之前会见法国总理,说明让步是双方的,只要法国肯作出一定让步,越也会让步。最后,法国放弃以18度线划界的要求,双方协议以17度线以南、9号公路以北12公里的六滨河为分界线。这样,日内瓦会议的最后也是最大的一个障碍被扫除。7月21日,日内瓦会议通过了关于恢复印度支那和平的协议,法国政府声明从越南、老挝、柬埔寨三国撤出自己的军队,并尊重三国的独立、主权、统一和领土完整。至此,中法两国在50年代初期最直接、最严重的对抗消除。印度支那问题的和平解决,为中法两国恢复正常的外交关系创造了前提条件。

2 中法建交

中法两国由对抗走向建交,这是两国人民和政府共同推动和努力的结果。

中华人民共和国成立后,虽然法国政府采取敌视新中国的政策,两国外交关系一度中断,但两国民间的友好往来却始终没有中断过。1950年1月12日,新中国成立不久,法国总工会机关报《工人生活》在巴黎举办法中联谊晚会,对领导中国人民获得民主和民族独立的中国共产党和毛泽东予以高度称赞。1952年3月2日,法国友好人士又在巴黎文艺复兴图书馆举办"新中国展览会",为期两周,展出中国的珍贵文物、艺术、书法、宣传画、邮票、照片以及访问过新中国的法国进步记者和作家的著作,以加深法国人民对新中国的了解。同年4月28日为参加中国人民纪念世界四大名人(阿维森纳、达·芬奇、雨果、果戈理)的活动,法国和平理事会主席法奇和作家、诗人鲁瓦夫妇前来北京进行友好访问。他们作为新中国成立后第一批来华访问的法国知名人士,受到隆重的接待。法奇等人在中国参观访问时,目睹新中国的巨大变化,深有感触地说:"我深深体会到你们新民主主义政治的优越性。"1952年5月15日,法国各界友好人士发起的民间团体法中友好协会召开成立会,参加大会的有法国的艺术家、作家、科学家和各工会代表多人。大会选举著名学者德莱士教授为主席。该会成立后始终以加强和发展法中两国人民民间的友好关系为宗旨,为推进两国人民之间的友好往来做了大量工作。1954年9月,法中友好协会代表团应中国人民对外友好协会的邀请访问了中国。

事实上,在中法两国保持民间往来的同时,法国政府也不能完全否认新中国的客观存在,在50年代初即与中国政府在贸易上有所接触。1952年4月,第一届国际经济会议在莫斯科举行期间,中国代表团就与法国工商界人士签订了贸易协议。同年8月9日,经两国政府批准,中国进出口公司的代表与法国代表杜孟在德国柏林签订了第一个中法贸易合同，规定中国向法国输出丝绸、茶叶、肠衣、蛋类和桐油等货物，法国则向中国输出钢铁、有色金属、药品等物资，总贸易额为100万英镑。1953年5月，法国工商业贸易代表团到达北京，6月5日，与中国进出口公司签订了关于易货贸易的协定，规定在近一年内，双方各出口总额为1000万英镑的货物。

1954年印度支那停火问题解决后，中法之间的官方往来迅速增加。1954年12月3日起，中国妇女代表团应法国接待委员会主任德拉马尔夫人的邀请，对法国进行为期10天的友好访问。这是新中国第一个出访法国的代表团。她们在法国受到各阶层人士的热情欢迎。1955年9月21日，中国人民外交学会邀请的埃德蒙·密歇勒等4名法国参议员来华访问，周恩来总理和陈毅、彭真、陈叔通等先后会见了法国参议员，这是中国领导人首次会见法国政界人士。1957年5月，法国前总理埃德加·富尔应中国人民外交学会的邀请，以私人身份来中国访问，受到毛泽东主席的接见。毛泽东在和富尔谈话时，引用中国"鹬蚌相争，渔翁得利"的典故，形象地表述了他对当时中法美三国关系的看法，希望中法之间建立正常的外交关系，不要让美国这个"渔翁"得利。而富尔在北京期间，也在各种场合重申了他希望法中之间建立正常外交关系的立场。

1959年1月，戴高乐将军当选法兰西第五共和国首任总统，为中法关系揭开新的一页注入了活力。戴高乐将军执政后，奉行独立的外交政策，力争世界大国地位，不顾美、英、苏等国的阻挠，积极发展自己的独立力量，力图把除英国之外的西欧五国（意大利、联邦德国、荷兰、比利时、卢森堡）团结在自己的周围，形成了一个反苏抗美的第三种势力。为实现他的这一欧洲战略，同时也为了缓解国内经济问题，戴高乐将军执政后改善对华关系，在有关中国问题的国际会议上不再追随美国，如：1959年联大讨论"西藏问题"提案时，法国的立场与美、英两国截然不同，投了弃权票；在中印边境冲突问题上，法国的态度亦与美、英相异，并未公开攻击我国。1960年，戴高乐召见主张中法建交的前总理富尔说，法国和中国没有外交关系，这种情况是"不正常"的，建议先发展经济和文化关系，并请富尔试探中国政府对法国政府将在外交上承认中国的问题做如何反应。

对于发展中法关系，中国政府当时也持积极态度，认为戴高乐奉行维护民族独立和国家主权的政策在西方世界具有代表性，支持这一政策有助于打破美、苏超级大国对国际事务的垄断；并且，法国是欧洲大陆的主要国家，通过同法国建交，可以打开一个缺口，进一步扩大我国同西欧国家的政治、经济联系，打破美国的封锁，加强我国的国际地位。但由于戴高乐在一段时期内仍继续对阿尔及利亚进行殖民战争，而中国人民和政府又坚决站在阿尔及利亚人民一边，因此，中法建交迟迟不能有所突破。法国方面希望中国先停止对阿尔及利亚独立斗争的支持，1961年法国参议员密特朗访问中国时就表示,中法建交必须在阿尔及利亚问题解决之后。在这个问题上,中国政府始终坚持原则,陈毅外长回答说:"我们对中法建交可以等待,但我们对阿尔及利亚人民在政治、经济和军事上的支持,将一直持续到他们的独立战争取得胜利为止。"1962年2月,法国同阿尔及利亚签署《埃维昂协议》,法阿战争结束。中法建交的又一个障碍被扫除。1963年初,戴高乐再次召见富尔,授命他负责中法建交事宜。同年10月,在中法两国政府的安排下,富尔携带戴高乐的亲笔书信前来中国,与中国领导人商谈中法建交问题。

富尔访华期间受到中国政府高规格的礼遇,毛泽东主席和刘少奇副主席分别接见了他,周恩来总理和陈毅副总理单独或共同和他先后在北京、上海等地会谈6次。在与周总理的一次会谈中,富尔说:戴高乐将军认为像中法这样两个大国的领导人现在还不能进行会谈是不正常的,法国一开始没有承认中华人民共和国,保持同蒋介石的关系,由此产生了很多问题,现在如果中国愿意同法国谈判建交,法国将不管别的国家的意见,独立自主地作出决定。周恩来总理则对戴高乐独立的外交政策表示赞赏,说:"戴高乐将军当政后,在维护国家独立和主权方面采取了勇敢的步骤,有些大国可能不高兴,而我们觉得一个国家应该如此;另一方面,法国多年来没有解决的阿尔及利亚问题,已经根据阿尔及利亚民族自决的意志得到解决,法国承认阿尔及利亚的独立,这也是件好事。"周恩来总理还指出：法国没有在部分禁止核武器试验条约上签字，中国也反对这个条约，双方事先并未交换过意见，但表现出来的行动却是一样的。这是因为中法两国都要维护自己的独立和主权，不愿任何外国干涉和侵犯。周恩来强调在维护世界和平、反对大国垄断国际事务方面，中法双方有许多共同点，因此两国建交的时机已经成熟。富尔对此表示赞同。

在如何与中国政府建立正常外交关系问题上，富尔提交了法方拟订的三个方案：①无条件承认方案。②有条件承认方案。法国政府表示愿承认中国，中国提出接受承认的条件。③近期承认方案。法国政府对中国先作政治上的承认，但两国间形成特殊关系的局面。同时，富尔解释说，戴高乐总统希望法国和中国之间立即建立正常的外交关系，实现第一个方案，不仿效英国拖泥带水的半建交做法；对于第三个方案，法国政府只是把它当作备用。但在另一方面，富尔对于台湾问题又过于暧昧，强调台湾问题是个"微妙问题"，法国同台湾断绝一切关系"有困难"，甚至说什么岛上存在一个"事实上的政府"，而且戴高乐将军"没有忘记他在二战时总同蒋介石站在一起"，"不愿突然切断关系"，等等，以此在中法建交问题上讨价还价。

会谈中，中国政府对法国主动要求与中国建立外交关系表示欢迎，但同时坚决反对法国政府企图玩弄"两个中国"或者变相的"两个中国"的任何手法。关于台湾问题，周恩来总理向富尔提出：蒋帮之所以能留在台湾,完全是由于美国的帮助和对我们内政的干涉,全世界人民都清楚,蒋帮之所以还留在联合国,还作为安理会成员,也是由于美国的操纵。这是现实的,也将是历史的笑话。他强调,不能把个人关系掺杂到国家关系中来。他还以法国本身作比喻说:皮杜尔是反对戴高乐的,设想如果他在国外势力扶植下成立流亡政府,我们中国是否能因为一度与他有过关系而不承认法国政府而承认他,或者都承认呢?法国是一个有自尊心的民族和奉行独立政策的国家,中国也是这样一个民族和国家。周恩来严正指出:中国反对"两个中国"的立场是坚定不移的,不会改变的;台湾同大陆的关系是中国的内政问题,这一点不能动摇,不能有什么误解。他斩钉截铁地告诉富尔,不解决对台湾的关系问题,便不能建立互换大使的外交关系,只能建立非正式的关系,如设立贸易机构等。对于富尔试探可否允许中法建交后法方在台保留一人,降低级别,周恩来也断然回答"不可能",并指出:英国就是因为在台湾有领事,又在联合国支持蒋介石,所以造成目前的半建交关系。如果法国也采取同样方法,中法双方都不会愉快。

然而,考虑到中法建交对于发展中国同西欧国家的关系具有重要意义,以及法国政府的实际困难,中国政府在坚持反对"两个中国"原则的前提下,对建交的具体步骤采取灵活的态度:在中法双方就法国承认中华人民共和国是唯一合法政府达成默契的情况下,不再坚持法国先主动同台湾断交,允许先宣布中法建交，然后由法方根据由此形成的"国际法客观形势"，"自然"地与台湾断交。周恩来认为中法直接建交拟订方案中，规定中法两国政府建交声明的内容包括以下三点：①法国政府向中华人民共和国政府提出正式照会，承认中华人民共和国政府，并建议立即建交，互换大使；②中国政府复照，中华人民共和国政府作为代表中国人民的唯一合法政府欢迎法国政府的来照，愿立即建立外交关系，互换大使；③双方同时发表上述照会，立即建馆，互派大使。由于这一建交方案已经照顾到法方的要求，没有坚持要求法国先与台湾断交，因此为富尔先生所接受。至此，中法两国政府关于建立正常外交关系的初步但又实质性的重要谈判告一段落。

富尔返法后，将中法建立正常外交关系的谈判事宜交给法国外交部办理。经中法双方协商，法国政府外交部指派官员与中国政府指定的驻瑞士大使李清泉继续进行接触。经过几番磋商后，中法两国政府于1964年1月中旬就发表建交公报问题达成协议。1月27日，北京和巴黎根据达成的协议，同时发表关于建立外交关系的联合公报，宣布："中华人民共和国政府和法兰西共和国政府一致决定建立外交关系，两国政府为此商定在三个月内任命大使。"按照事先商定，在联合公报发表的第二天，中国外交部发言人又发表声明，指出：中华人民共和国政府是作为代表全中国人民的唯一合法政府同法国政府谈判并达成两国建交协议的。按照国际惯例，承认一个国家的新政府，不言而喻地意味着不再承认被这个国家的人民所推翻的旧的统治集团。因此,这个国家的旧的统治集团的代表不能继续被看作是这个国家的代表,同这个国家的新政府的代表同时存在于同一个国家里或者同一个国际组织中。中国政府是根据这样的理解,同法国政府达成中法建交和互换大使协议的。中国政府认为有必要重申,台湾是中国的领土,任何把台湾从中国的版图割裂出去或者其他制造"两个中国"的企图,都是中国政府和人民绝对不能同意的。在这种情况下,台湾当局于2月10日宣布与法国断交,从而使中法建交问题得到圆满解决。5、6月,中法双方成功地互派大使,佩耶任法国首任驻新中国大使,"儒将"黄镇任新中国首任驻法大使。法国成为西方大国中第一个同新中国建立正式外交关系的国家。

曲折发展中的中法关系

中法建交后,中法关系进入了平等互利、友好合作的新阶段。中法关系的发展,虽然受两国国内和国际局势的干扰,不时出现一些曲折,但在两国人民和政府的共同努力下,中法关系始终不断得到加强。

以1964年中法建交为契机,两国的友好往来和经济文化交流在最初的两年里很快得到发展。1964年2月,中国艺术代表团应邀访问法国,获得巨大成功,受到法国人民的热烈欢迎。同年9月,首届法国技术展览会在北京开幕,使中国技术界人士第一次看到了西方先进的工业技术。1965年3月和5月,中国先后组团参加法国里昂博览会和巴黎博览会,向酷爱艺术的法国人民展现精美的东方艺术品。7、8月间,法国国务部长马尔罗访华,受到周恩来总理和陈毅副总理的接见,双方进行了坦诚的交谈。马尔罗是中法建交后第一位正式来访的法国政府部长。1965年11月,法国又在中国举办了工业展览会,这对当时打破以美国为首的西方资本主义国家对中国的某些技术封锁具有积极意义。

进入1966年后,由于受中国"文化大革命"的冲击和法国国内社会政局动荡的影响,中法关系一度受到损害,处于停滞状态。但在中法两国领导人的共同推动下,70年代即得到恢复和发展,两国领导人互访频繁。1970年7月,应中国政府邀请,法国总理府计划和领土整治部部长安德烈·贝当古率领法国代表团来华访问,受到毛泽东主席和周恩来总理的接见。贝当古代表团的访华是中国"文化大革命"开始以来西方国家访华的第一个政府代表团。1972年7月6日,法国外交部长莫里斯·舒曼和夫人又率领政府代表团来华访问,受到中国政府的热情接待。7月10日,毛泽东主席接见舒曼外长,同他进行友好的谈话,支持欧洲加强团结,说:"你们现在跟英国搞好,我赞成,要团结起来才好,有时吵架是难免的,但总该是大团结,少吵架。"在此期间,中国外交部长姬鹏飞与舒曼外长就双方共同关心的国际问题交换了意见,增进了彼此的了解。1973年9月11日至17日,应中华人民共和国代主席董必武和国务院总理周恩来的邀请,法兰西共和国总统乔治·蓬皮杜对中国进行正式访问。这是法国国家元首第一次访问中国,也是西欧大国中第一位国家元首应邀访华。访华期间,中法两国领导人多次举行会谈,就许多重要国际问题达成共识,并发表《中法公报》,声明"中华人民共和国国务院总理和法兰西总统满意地看到,一九六四年在毛泽东主席和戴高乐将军倡议下建立起来的关系不断得到顺利发展。他们表示相信,这种发展符合两国的相互利益,并且是对和平事业和改善国际关系的积极贡献"。《公报》还指出:"会谈证实,两国政府有着加强两国人民之间友谊和发展两国关系的共同愿望。尽管两国的社会制度不同,但是中华人民共和国和法国之间的关系有着良好的基础,这主要是因为两国都同意这样一些原则,即:所有国家,无论大小,也不管其社会制度如何,一律平等;相互尊重主权和领土完整;各国和各国人民的事应该由各国和各国人民在没有外来干涉的情况下,根据国家独立的原则自己解决。为了国际局势的改进,双方声明,反对任何霸权。"此外,《公报》表示有必要进一步加强中法两国在技术、石油化工、航空、机械、电气工业等方面的交流与合作。受蓬皮杜总统访华的推动,1974 年 11 月 5 日,从北京到巴黎之间的空中航线正式开通。在 70 年代初,法国是领导人访问中国最多的欧洲国家。

与此同时,中国方面先后也有数位领导人出访法国。1971 年 9 月,对外经济贸易部部长白相国率中国政府代表团访问法国，受到蓬皮杜总统和沙邦·戴尔马总理的接见，双方签署了贸易协定。1972年11月，外交部副部长乔冠华访问法国。1973年6月，外交部部长姬鹏飞偕夫人率领中国政府代表团访问法国。1975年5月12～17日，当时主持国务院工作的邓小平副总理应法国政府邀请，在外交部长乔冠华等陪同下访问法国，受到高规格的接待。法国总统德斯坦、总理希拉克和法国国民议会议长埃德加·富尔分别设宴招待邓小平副总理一行。访法期间，邓小平副总理与法国总统、总理就双方共同关心的国际问题和两国关系深入地交换了意见。在谈到国际问题时，邓小平副总理赞同希拉克总理提出的欧洲应该不受两个超级大国的控制，欧美关系应该遵循平等原则的主张，指出："只有平等，才能真正建立伙伴关系。"关于两国关系，双方商定，今后两国外长将根据需要进行政治磋商，同时决定成立混合委员会以推进两国经济和贸易关系的进一步发展。邓小平副总理是中法建交后中国访问法国的最重要的领导人，对推动中法关系的发展起了积极作用。

70年代后期至80年代末，随着中国实行改革开放和国际多极化趋势的出现，中法关系有了全面的发展。首先，两国政治关系良好，中法两国都珍视自己的国家主权，奉行独立自主的和平外交政策和独立的防务政策，反对超级大国主宰世界和为此展开的军备竞赛。中国赞赏和支持法国为欧洲联合所做的努力；法国则认为中国是"未来世界"的主要力量之一，增进同中国的友谊和合作有利于更好地保障世界和平。在此基础上，两国领导人频繁互访，就重大国际问题和双边关系交换意见。自1976年"文化大革命"结束至1988年，中国方面访问法国的领导人先后有乔冠华副外长（1970年10月）、黄华外长（1977年10月）、谷牧副总理（1978年5月）、方毅副总理（1978年10月）、华国锋总理（1979年10月）、邓颖超副委员长（1980年6月）、国务委员兼对外经济贸易部长陈慕华（1983年3月）、陈丕显副委员长（1983年10月）、吴学谦外长（1984年4月，1988年3月）、赵紫阳总理（1984年6月）、李鹏副总理（1985年12月）、胡耀邦总书记（1986年6月）、李先念主席（1987年11月）、对外经济贸易部部长郑拓彬（1988年10月）。同一时期，法国方面访华的领导人有：巴尔总理（1978年1月），外贸部长德尼奥（1978年12月），德斯坦总统（1980年10月），谢松外长（1982年7月），密特朗总统（1983年5月），迪马外长（1985年8月），法国总统特使让·德李普考夫斯基（1986年9月），雷蒙外长（1987年5月），外贸部长米歇尔·诺瓦尔（1987年7月），设备、住房、国土整治和运输部部长皮埃尔·梅埃涅里（1988年1月），外交部亚澳司司长克洛德·马腾（1988年9月）。这些高层次的互访，加深了中法两国的相互了解，有力地推动了两国友好合作关系的发展。

这一时期，除中法两国国家关系得到发展外，中国共产党还恢复和发展了与法国社会党和法国共产党的关系。1981年2月，应中共中央总书记胡耀邦的邀请，法国社会党领导人弗朗索瓦·密特朗率领法国社会党政治代表团来华访问，代表团成员有社会党第一书记利奥内尔·若斯潘、执行局成员加斯东·德费尔等。访问期间，两党领导人就发展两党关系达成共识。1982年10月，应中共中央的邀请，法国共产党中央总书记乔治·马歇率领法共中央代表团来中国进行友好访问。访问期间，中法两党一致同意，在完全平等、独立自主、互相尊重、互不干涉内部事务等项原则的基础上，正式恢复1965年以来中断了的两党关系，并使两党之间的友好合作顺利向前发展。1986年6月，中共中央总书记胡耀邦在访问法国期间，也分别会见了法国社会党的第一书记利奥内尔·若斯潘和法共中央总书记乔治·马歇，对中国共产党与法国社会党和法共两党关系的发展感到满意。

随着中法两国政治关系的发展，中法经济贸易和科技合作也有了突飞猛进的发展。自70年代后期至80年代末，中法在这方面所签订的协定和协议主要有：通航协定、海运协定、科学技术协定、邮电合作协议、铁道合作协议、关于对所得避免双重征税和防止偷税漏税的协定、关于互相鼓励和保护投资的协定、关于发展经济和合作的长期协定、关于广东大亚湾核电安全审评专门合作协议等。在技术合作方面，中法两国在1978年就签署了科技合作协定，设有科技混合委员会。双方合作范围涉及核电、石油勘探和开发、汽车和直升飞机制造、电子电信、铁路、航空航天、生物工程、煤气、地质等诸多方面。

与此同时,中法贸易额也在逐年增加。1985年两国的贸易额为9.37亿美元,中国出口2.24亿美元,进口7.13亿美元。1986年两国贸易额创建交以来的最高纪录,达10.5亿美元(中国进口7.3亿美元,出口3.2亿美元)。从进出口商品的结构来看,中国向法国出口的商品主要是农副土特产品、纺织品、工艺品等,中国从法国进口的主要商品是成套设备、飞机、车辆、仪器、钢材等。在促进两国贸易中,两国正部级贸易混合委员会起了积极的推动作用。因中法经济贸易混合委员会建议,1985年法国政府首次向中国提供约2亿美元的混合贷款;1987年分别提供8.97亿和16.4亿法郎的混合贷款,用于包括北京地铁改造等13个中法合作项目。这些混合贷款有力地促进了一些重大项目的成交,如150对电力机电、103门程控电话交换机与5架空中客车飞机、四川石油电站、广东大亚湾核电站等。据1986年统计,法国在中国总投资额为4.28亿美元,投资项目24个,其中合资企业14个,合作经营6项,海洋石油勘探和开发4项。80年代后半期,法国在华投资和贸易额一度居欧洲国家首位,仅次于美国和日本。

同时,中法文化交流也继续得到发展。两国设有文教混合委员会,负责确定年度交流计划。1977年4月1~28日,上海舞剧团在巴黎和里昂等地演出21场芭蕾舞剧《白毛女》和其他节目。1980年德斯坦总统访华期间,两国政府签署了《关于1980年至1981年文化交流计划和广播合作协定》。1983年密特朗总统访华期间，广电部部长谢文清和法国外长谢松签署了广播电视合作议定书，由法国政府向广播电视部提供一个小型电视演播室的技术设备和法语电视教学节目资料，并协助培养电视教育工作人员，以促进中国法语教学的发展。根据议定书，1984年10月，中国电视台开办了法语教学。1988年11月，中国国际广播电台又和法国国际广播电台就互转广播、节目交流和人员交流签订合作议定书。1986年中国派出大型歌舞团、陕西木偶团赴法演出，在法国举办中国电影周，并派出200多名中国艺术家在巴黎秋季艺术节上献艺。此外，两国还互派专家、学者进行学术交流，每年互换65名奖学金学生。据1986年统计，中国在法国的留学生共约1300人，法国在华留学生60多人。

然而，正当中法关系得到全面发展的时候，因一系列事件的干扰，两国关系在80、90年代之交又出现一些波折。1989年春夏之交，中国国内发生一场严重的政治风波，这些全是中国的内政，但法国政府却对中国政府采取不友好的态度，干涉中国内政，指责中国政府"侵犯人权"，与欧共体其他国家一起对中国进行制裁。法国政府的这一立场使中法两国关系受到严重损害。

进入1990年后，中法关系虽有所改善和恢复，但由于执政的法国社会党政府在台湾问题上采取草率态度，违背中法建交原则，结果导致两国关系面临严重困难。1991年9月27日，法国政府宣布批准法厂商向台湾出售6艘不装备武器的护卫舰。对此，中国政府向法国政府表示了强烈不满和抗议。当日，中国外交部发言人对记者发表谈话，要求法国政府信守诺言，不向台湾出售任何武器。此后，中国领导人在与法方领导人会见中，一再向法方表示，中方希望恢复和发展中法传统关系，但决不放弃原则立场，法方不能违背中法建交原则，即只有一个中国，法方不能向台湾出售任何武器。1992年1月31日，中国国务院总理李鹏在出席联合国安理会首脑会议期间，与法国总统密特朗会见，就双边关系和国际问题进行了广泛的无拘无束的交谈。同时，中国外交部长钱其琛也与法国外长迪马在联合国总部进行了友好洽谈。双方均表示愿意推动两国关系的改善和发展。

然而，一波未平，一波又起。1992年5月，又传来法国军火商向台湾出售先进的幻影战斗机的消息。对法方的这一违背中法建交原则的行动，中国政府作出了更加强烈的反应。5月14日，中国外交部发言人在记者招待会上表示，如果法国向台湾出售战斗机，中国方面将作出强烈反应。7月31日和8月1日，法国总理特使、工业和外贸部部长斯特劳斯·卡恩访华期间，中方又向法方重申了坚决反对法国向台湾出售战斗机的原则立场。9月25日，国务委员兼外交部长钱其琛在出席第四十七届联大期间会晤法国外长迪马，不但重申了中方坚决反对法国向台湾出售幻影战斗机的原则立场，并且明确指出，如法向台湾出售战斗机，中法关系将进入一个非常困难的时期。11月26日，外交部副部长田曾佩召见法国驻华大使马腾,就法国有关公司于11月18日与台湾签署出售幻影战斗机合同一事向法国政府提出了最强烈抗议。田曾佩指出,法国售台战斗机粗暴干涉中国内政,严重侵犯中国主权,干扰和破坏中国的和平统一大业,这是我们决不能接受的。中国政府严正要求法国政府恪守中法建交原则,取消售台战斗机合同。如果法方不顾中方的强烈反对,一意孤行,坚持其侵犯中国主权、危害中国安全的错误做法,中方将不得不作出强烈反应,由此产生的一切严重后果,法国政府必须承担全部责任。12月23日,外交部副部长姜恩柱召见法国驻华大使马腾,指出:法国政府批准达索公司向台湾出售幻影战斗机,严重损害了两国关系,我奉令要求法方在一个月内关闭法国驻广州总领馆。中法关系一直到执政的法国社会党下台才逐渐回到正常的发展轨道。

1993年3月,执政的法国社会党在国民议会选举中败北,保卫共和联盟的巴拉迪尔出任新总理。巴拉迪尔政府成立后,即着手改善对华关系,分别于7月和12月两次派总理特使弗里德曼来华,商谈改善两国关系问题。1994年1月12日,中法两国发表政府联合公报,法国政府承诺今后不批准法国企业参与武装台湾。这一公报的发表,为两国关系的恢复和发展扫除了障碍。1月22~24日,钱其琛副总理兼外交部长在访问法国期间即表示,中法两国关系在经历曲折后又翻开了新的一页。是年,中法关系即得到迅速发展。两国高层领导人进行了互访。4月7~10日,应李鹏总理的邀请，法国总理巴拉迪尔对中国进行为期4天的正式访问。9月8~12日，应密特朗总统的邀请，江泽民主席偕夫人对法国进行为期5天的国事访问。同年，随着中法两国政治关系的正常化，经贸关系也得到进一步发展。据中国海关总署统计，1994年中法两国的贸易额为33.63亿美元，比上年增长14.7%，其中中方出口额14.24亿美元，进口额19.39亿美元。1994年是中法建交30周年，也是中法两国关系在经历了几年严重困难后逐步恢复并得到迅速发展的一年。

进入1995年后，在两国领导人的推动下，中法关系继续得到平稳发展。在这一年里，两国领导人在政治关系上始终保持高层接触，就双边关系和国际问题交流意见。1995年5月8日，国家主席江泽民、国务院总理李鹏分别致电希拉克，祝贺他当选法国总统。10月23日，江泽民主席在出席联合国成立50周年特别纪念会议期间，会见法国总统希拉克，就双边关系问题交换了意见。1996年2月29日，李鹏总理在曼谷参加亚欧首脑会议期间会晤法国总统希拉克，双方就中法关系及共同关心的国际问题交换了意见。4月9~13日，李鹏总理应法国总理朱佩的邀请，对法国进行为期5天的正式访问。1997年3月25~30日，应法国参议院议长莫诺里和国民议会议长塞甘的邀请，全国人大常务委员会委员长乔石对法国进行正式访问。同年5月15~18日，应国家主席江泽民的邀请，法国总统希拉克对中国进行国事访问。访问期间，两国领导人就建立中法全面伙伴关系达成共识，江泽民主席和希拉克总统于16日共同签署《中法联合声明》，决定在加强多极化，推动联合国改革，促进裁军，保护环境，反对毒品、犯罪和恐怖主义，加强发展援助，支持多边贸易，尊重多样性，建立交往和磋商机制等方面加强合作，同时进一步加强两国经贸合作及文化、教育、科技交流。《中法联合声明》的发表，为中法两国建立面向21世纪的全面伙伴关系勾画了美好的前景。

参考书目

法 文

1. 《法国外交文件，1871~1914》。
2. 《法国外交文件，1932~1939》。
3. 高第著《远征中国，1857~1858》，巴黎，1905。
4. 《远征中国，1860》，巴黎，1906。
5. 《中国与西方列强关系史》，巴黎，1902。

中 文

1. 束世澂著《中法外交史》，商务印书馆，1928。
2. 张雁深著《中法外交关系史考》，史哲研究社，1950。
3. 邵循正著《中法越南关系始末》，国立清华大学出版事务所，1935。
4. 陈三井著《近代中法关系史论》，三民书局，1994。
5. 丁名楠等著《帝国主义侵华史》第一、二卷，人民出版社，1973、1986。

《中国史话》总目录

系列名	序号	书　名	作　者	
物质文明系列（10种）	1	农业科技史话	李根蟠	
	2	水利史话	郭松义	
	3	蚕桑丝绸史话	刘克祥	
	4	棉麻纺织史话	刘克祥	
	5	火器史话	王育成	
	6	造纸史话	张大伟	曹江红
	7	印刷史话	罗仲辉	
	8	矿冶史话	唐际根	
	9	医学史话	朱建平	黄　健
	10	计量史话	关增建	
物化历史系列（28种）	11	长江史话	卫家雄	华林甫
	12	黄河史话	辛德勇	
	13	运河史话	付崇兰	
	14	长城史话	叶小燕	
	15	城市史话	付崇兰	
	16	七大古都史话	李遇春	陈良伟
	17	民居建筑史话	白云翔	
	18	宫殿建筑史话	杨鸿勋	
	19	故宫史话	姜舜源	
	20	园林史话	杨鸿勋	
	21	圆明园史话	吴伯娅	
	22	石窟寺史话	常　青	
	23	古塔史话	刘祚臣	
	24	寺观史话	陈可畏	
	25	陵寝史话	刘庆柱	李毓芳
	26	敦煌史话	杨宝玉	
	27	孔庙史话	曲英杰	
	28	甲骨文史话	张利军	
	29	金文史话	杜　勇	周宝宏

系列名	序号	书名	作者	
物化历史系列（28种）	30	石器史话	李宗山	
	31	石刻史话	赵 超	
	32	古玉史话	卢兆荫	
	33	青铜器史话	曹淑琴	殷玮璋
	34	简牍史话	王子今	赵宠亮
	35	陶瓷史话	谢端琚	马文宽
	36	玻璃器史话	安家瑶	
	37	家具史话	李宗山	
	38	文房四宝史话	李雪梅	安久亮
制度、名物与史事沿革系列（20种）	39	中国早期国家史话	王 和	
	40	中华民族史话	陈琳国	陈 群
	41	官制史话	谢保成	
	42	宰相史话	刘晖春	
	43	监察史话	王 正	
	44	科举史话	李尚英	
	45	状元史话	宋元强	
	46	学校史话	樊克政	
	47	书院史话	樊克政	
	48	赋役制度史话	徐东升	
	49	军制史话	刘昭祥	王晓卫
	50	兵器史话	杨 毅	杨 泓
	51	名战史话	黄朴民	
	52	屯田史话	张印栋	
	53	商业史话	吴 慧	
	54	货币史话	刘精诚	李祖德
	55	宫廷政治史话	任士英	
	56	变法史话	王子今	
	57	和亲史话	宋 超	
	58	海疆开发史话	安 京	

系列名	序号	书名	作者
交通与交流系列（13种）	59	丝绸之路史话	孟凡人
	60	海上丝路史话	杜 瑜
	61	漕运史话	江太新 苏金玉
	62	驿道史话	王子今
	63	旅行史话	黄石林
	64	航海史话	王 杰 李宝民 王 莉
	65	交通工具史话	郑若葵
	66	中西交流史话	张国刚
	67	满汉文化交流史话	定宜庄
	68	汉藏文化交流史话	刘 忠
	69	蒙藏文化交流史话	丁守璞 杨恩洪
	70	中日文化交流史话	冯佐哲
	71	中国阿拉伯文化交流史话	宋 岘
思想学术系列（21种）	72	文明起源史话	杜金鹏 焦天龙
	73	汉字史话	郭小武
	74	天文学史话	冯 时
	75	地理学史话	杜 瑜
	76	儒家史话	孙开泰
	77	法家史话	孙开泰
	78	兵家史话	王晓卫
	79	玄学史话	张齐明
	80	道教史话	王 卡
	81	佛教史话	魏道儒
	82	中国基督教史话	王美秀
	83	民间信仰史话	侯 杰
	84	训诂学史话	周信炎
	85	帛书史话	陈松长
	86	四书五经史话	黄鸿春

系列名	序号	书名	作者
思想学术系列（21种）	87	史学史话	谢保成
	88	哲学史话	谷 方
	89	方志史话	卫家雄
	90	考古学史话	朱乃诚
	91	物理学史话	王 冰
	92	地图史话	朱玲玲
文学艺术系列（8种）	93	书法史话	朱守道
	94	绘画史话	李福顺
	95	诗歌史话	陶文鹏
	96	散文史话	郑永晓
	97	音韵史话	张惠英
	98	戏曲史话	王卫民
	99	小说史话	周中明 吴家荣
	100	杂技史话	崔乐泉
社会风俗系列（13种）	101	宗族史话	冯尔康 阎爱民
	102	家庭史话	张国刚
	103	婚姻史话	张 涛 项永琴
	104	礼俗史话	王贵民
	105	节俗史话	韩养民 郭兴文
	106	饮食史话	王仁湘
	107	饮茶史话	王仁湘 杨焕新
	108	饮酒史话	袁立泽
	109	服饰史话	赵连赏
	110	体育史话	崔乐泉
	111	养生史话	罗时铭
	112	收藏史话	李雪梅
	113	丧葬史话	张捷夫

系列名	序号	书名	作者
近代政治史系列（28种）	114	鸦片战争史话	朱谐汉
	115	太平天国史话	张远鹏
	116	洋务运动史话	丁贤俊
	117	甲午战争史话	寇伟
	118	戊戌维新运动史话	刘悦斌
	119	义和团史话	卞修跃
	120	辛亥革命史话	张海鹏 邓红洲
	121	五四运动史话	常丕军
	122	北洋政府史话	潘荣 魏又行
	123	国民政府史话	郑则民
	124	十年内战史话	贾维
	125	中华苏维埃史话	温锐 刘强
	126	西安事变史话	李义彬
	127	抗日战争史话	荣维木
	128	陕甘宁边区政府史话	刘东社 刘全娥
	129	解放战争史话	朱宗震 汪朝光
	130	革命根据地史话	马洪武 王明生
	131	中国人民解放军史话	荣维木
	132	宪政史话	徐辉琪 付建成
	133	工人运动史话	唐玉良 高爱娣
	134	农民运动史话	方之光 龚云
	135	青年运动史话	郭贵儒
	136	妇女运动史话	刘红 刘光永
	137	土地改革史话	董志凯 陈廷煊
	138	买办史话	潘君祥 顾柏荣
	139	四大家族史话	江绍贞
	140	汪伪政权史话	闻少华
	141	伪满洲国史话	齐福霖

系列名	序号	书名	作者
近代经济生活系列（17种）	142	人口史话	姜 涛
	143	禁烟史话	王宏斌
	144	海关史话	陈霞飞 蔡渭洲
	145	铁路史话	龚 云
	146	矿业史话	纪 辛
	147	航运史话	张后铨
	148	邮政史话	修晓波
	149	金融史话	陈争平
	150	通货膨胀史话	郑起东
	151	外债史话	陈争平
	152	商会史话	虞和平
	153	农业改进史话	章 楷
	154	民族工业发展史话	徐建生
	155	灾荒史话	刘仰东 夏明方
	156	流民史话	池子华
	157	秘密社会史话	刘才赋
	158	旗人史话	刘小萌
近代中外关系系列（13种）	159	西洋器物传入中国史话	隋元芬
	160	中外不平等条约史话	李育民
	161	开埠史话	杜 语
	162	教案史话	夏春涛
	163	中英关系史话	孙 庆
	164	中法关系史话	葛夫平
	165	中德关系史话	杜继东
	166	中日关系史话	王建朗
	167	中美关系史话	陶文钊
	168	中俄关系史话	薛衔天
	169	中苏关系史话	黄纪莲
	170	华侨史话	陈 民 任贵祥
	171	华工史话	董丛林

系列名	序号	书名	作者
近代精神文化系列（18种）	172	政治思想史话	朱志敏
	173	伦理道德史话	马 勇
	174	启蒙思潮史话	彭平一
	175	三民主义史话	贺 渊
	176	社会主义思潮史话	张 武　张艳国　喻承久
	177	无政府主义思潮史话	汤庭芬
	178	教育史话	朱从兵
	179	大学史话	金以林
	180	留学史话	刘志强　张学继
	181	法制史话	李 力
	182	报刊史话	李仲明
	183	出版史话	刘俐娜
	184	科学技术史话	姜 超
	185	翻译史话	王晓丹
	186	美术史话	龚产兴
	187	音乐史话	梁茂春
	188	电影史话	孙立峰
	189	话剧史话	梁淑安
近代区域文化系列（11种）	190	北京史话	果鸿孝
	191	上海史话	马学强　宋钻友
	192	天津史话	罗澍伟
	193	广州史话	张 磊　张 苹
	194	武汉史话	皮明庥　郑自来
	195	重庆史话	隗瀛涛　沈松平
	196	新疆史话	王建民
	197	西藏史话	徐志民
	198	香港史话	刘蜀永
	199	澳门史话	邓开颂　陆晓敏　杨仁飞
	200	台湾史话	程朝云

《中国史话》主要编辑出版发行人

总 策 划　谢寿光　王　正
执行策划　杨　群　徐思彦　宋月华
　　　　　梁艳玲　刘晖春　张国春
统　　筹　黄　丹　宋淑洁
设计总监　孙元明
市场推广　蔡继辉　刘德顺　李丽丽
责任印制　郭　妍　岳　阳